Senf

senf das kochbuch

text von hanjo seißler
rezepte von pio
fotos von carsten eichner

herausgegeben von angela boro-
wski

hädecke

INHALT

SENF - AUSGESPROCHEN GERN IN DEN MUND GENOMMEN

Lange vor den alten Griechen und Römern haben die Inder und die Ägypter zu vielem ihren Senf dazugegeben. Zumindest zu vielem von dem, was zu ihrer Zeit bei ihnen auf den Tisch kam. Dessen sind auch Sprachforscher gewiß. Sie gehen davon aus, daß die Wurzel des Wortes Senf im Sanskrit – der uralten kultivierten Hochsprache Indiens – oder im Altägyptischen zu suchen sei. Und daß die Juden des Neuen Bundes den Senf hochschätzten, das weiß jeder Mensch, der im Religionsunterricht aufgepaßt hat: „Mit dem Himmelreich ist es wie mit einem Senfkorn, das ein Mann nahm und auf seinen Acker säte;..." hat der Apostel Matthäus in seinem Evangelium, Kapitel 13, Vers 31 hinterlassen. Noch heute tragen Fromme, die die Heilige Schrift nie und nirgends entbehren wollen, eine Senfkorn-Bibel – eine Bibel im kleinsten gebräuchlichen Format, am besten kostbar mit Goldschnitt und in Saffian gebunden – bei sich.

Rechtschreiben – Senf essen

Die Lateiner drehten sich aus den in Griechenland aufgeschnappten Vokabeln sinapi und napy später ihr sinapis. Sie machten allerdings verhältnismäßig wenig Gebrauch davon. Die Germanen „deutschten" das römische Wort in seniph, senif, senef, senpf, senffe, semph, schenff, senft ein. „Darzu ich würcz und krewter han, nagwuercz, senft und den encian", dichtete Mitte des 16. Jahrhunderts der gelehrte Nürnberger Schuhmachermeister Hans Sachs. Das beschreibt nicht allein, wie angesehen der Senf damals war und was Gernessern noch heute daran Freude macht. Während Rechtschreibreformer sich an den unterschiedlichen Schreibweisen ergötzen können. Wie der Senf in grüner Vorzeit in Küche und Apotheke – ja doch, Senf galt und gilt ebenfalls als Heilmittel – eingesetzt wurde, ob hauptsächlich als Kraut, in Form von Samenkörnern, als Pulver oder als die sämighalbfeste Paste, die heute meistens auf den Tisch kommt, das ist nicht genau überliefert. Festzustehen scheint, daß die Dänen – sennop, sennep – und die Schweden – senap – sprachlich und tatsächlich vor den Deutschen zum Senf gegriffen haben. Senf kennt als Sammelbegriff keinen Plural. Was auch deswegen einleuchtet, weil er – vorausgesetzt Könner haben ihn als Paste zubereitet – einzigartig ist. Weil früher im Anrühren von Speisesenf fast ausschließlich Most eingesetzt worden ist, trägt der Senfbrei im Deutschen auch den Namen Mostrich, im Französischen Moutarde und im Englischen Mustard. Wobei sich Moutarde aus dem lateinischen ardere für brennen und mustum, die Bezeichnung für unvergorenen Trauben- oder Obstsaft zusammensetzt.

Wertewandel und Niedergang

Mit dem unerklärlichen Schwinden des Ansehens als unbedingt notwendiger, köstlicher Küchenzutat, wandelte sich auch der bildliche Einsatz des Wortes Senf. Aus „einen Senf um etwas machen", „seinen Senf zu etwas geben", was ursprünglich beißende, scharfe, witzige Beiträge in einer Unterhaltung, dann anregend oder eindringliche Auseinandersetzungen beschrieb – was beim Würzen von Speisen in der Küche doch wirklich geschieht – sind im Laufe der Zeit seltsamerweise „langweilige, verdrießliche Reden" geworden, wie es in einem Sprachlexikon heißt.

Gegen Trendzutaten ist ein Kraut gewachsen

Jeder Deutsche, der auf sich hält, kennt ein Kraut, dessen Blätter als Salat und dessen Samen als Gewürz die „alten Römer" genauso schätzten wie die Engländer zu Zeiten von Königin Elisabeth I. Und wie es die Connaisseure des auslaufenden 20. Jahrhunderts ebenfalls tun. Vor zehn Jahren allerdings war das Kraut einzig wenigen Schnabulierern geläufig. Es wird in der vergärtnerten Form italienisch Rucola gerufen. Als Wildwuchs heißt es Rugeta. Deutsch wird das Pflänzchen Rauke, Senfkohl oder Ruke, botanisch Eruca vesicaria ssp. sativa genannt. Aus seinen Samen wird im Iran, in Griechenland, Indien, Südfrankreich und in Spanien eine äußerst scharfe Senfpaste gemacht. Senf ist kein Fertigprodukt! Senf ist eine Pflanze! Eine Pflanze aus deren – zu Mehl zermahlenen – Samen, unter Zusetzen von Most oder Essig, Salz und anderen Gewürzen, die allseits geläufige „Beikost" entsteht – was den Weg zur –Köstlichkeit" ebnet .

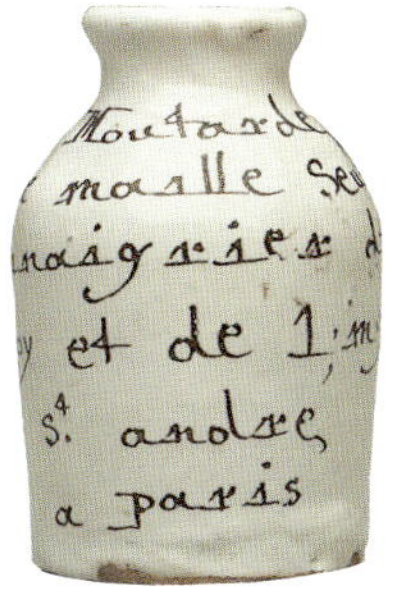

Ein Behältnis mit wertvollem Inhalt: Senftopf von Maille aus dem 18. Jahrhundert.

PORTRÄT EINER WOHLTUENDEN

Botaniker unterscheiden zwischen Sinapis alba (weißem oder gelbem) und Sinapis negra oder Brassica nigra (schwarzem Senf). Beide werden in sämtlichen klimatisch gemäßigten Zonen kultiviert. Beide sind einander, obwohl im Geschmack sehr unterschiedlich, in der Wirkung, sehr ähnlich. Beide sind an der Form und der Größe der Samen auseinanderzuhalten. Und das, obwohl Brassica nigra, botanisch betrachtet, gar keine Senfpflanze ist, sondern zu den Kohlarten gehört. Senf dagegen zu Kresse, Rettich, Meerrettich. Beide sind Kreuzblütler. Beide werden gut einen Meter lang. Beide zieren fiederlappige Blätter und hellgelbe, violett geaderte, duftende Blüten in Doldentrauben. Beide entwickeln Schoten, die winzig kleine kugelige Samen in sich tragen. Die von Sinapis alba sind hellgelb, die von Brassica nigra dunkelbraun. Beide blühen im Juni und im Juli. Bereits im August kann in aller Regel geerntet werden.

FERNREISE
FÜR EINE LEIBSPEISE

Senf ist ein ideales Gewächs für Regionen mit kurzen Sommern. Kanada ist ein solches Land. Vor allem aus den Ebenen von Saskatchewan beziehen heute die Senf-Produzenten ihren Rohstoff, den Senfsamen. In vergangenen Tagen ist er allerdings auch überall in Europa, besonders auf den kalireichen Böden, die durch Brandrodungen entstanden waren oder auf denen Holzkohlenmeiler betrieben wurden, großflächig angebaut worden. So wurde das Nötige, die Festigung des Humus durch Landbau, mit dem Nützlichen, dem Erzeugen von Senfsamen für die Senfproduktion, verbunden. Seit geraumer Zeit streben europäische Behörden in Brüssel den Anbau des genügsamen Senfs in europäischen Gebieten an, die unter wenig ertragreichen Böden zu leiden haben. So sei es möglich, Umweltschäden zu mindern und Transportkosten spürbar zu senken, sagt Philippe Louvrier, Direktor einer Firma für europäische Würzstoffe. Geschehen ist jedoch bislang nichts. Immer noch nimmt Senfsamen einen Weg über tausende von Kilometern in Containern per Schiff oder in Tankwagen zu den Fabriken, in denen er verarbeitet wird.

Das häßliche Entlein ist ein schöner Schwan

Senfpflanzen enthalten 30 Prozent Öl, Eiweiß, ätherisches Öl, Traubenzucker, die Vitamine C, Mineralstoffe, Bitterstoffe und sogar natürliche Hormone. Aber hallo, wer denkt an sowas, wenn er die hell- bis dunkelbraune Masse sieht, die allzu oft achtlos aus Plastikflaschen, Tuben oder gar, aus nur mit großen Schwierigkeiten zu öffnenden Plastiksäckchen neben Wurst oder Eisbein gequetscht oder geklatscht wird. Es ist eine Schande den Senf darauf zu reduzieren. Seine jungen frischen – vor der Blüte gewachsenen – Blätter ergeben, wie die der Rauke, einen feinen Salat, der nicht allein professionell ideologisierten Rohköstlern und zur Diät Verdammten Vergnügen bereiten kann. Aus älteren Blättern kann ein außerordentlich schmackhaftes Gemüse gezaubert werden. Senfgrün und die Sprossen des Senfs sind kein Lebens- oder Nahrungsmittel; sie erheben so manches Gericht – beileibe nicht nur Salate – zur puren Wonne.

Gärtnern aus Liebe

Um vom Samen zum Senfgrün zu kommen, braucht niemand einen Garten. Ein Teller mit feuchtem Tuch oder ein „Hydrogerät" auf einer sonnigen Fensterbank in deren Umgebung cirka 18 Grad Celsius Temperatur herrschen, reicht völlig. Der Samen muß ungefähr acht Stunden lang eingeweicht und dann auf dem Tuch oder im Gerät abgelegt werden. Danach gilt es, ihn acht Tage lang zweimal täglich zu besprenkeln. Am neunten Tag kann von einem Teller mit 20 Zentimeter Durchmesser, bei Aussaat von drei Eßlöffeln Samen, eine Tasse Grün geerntet werden. Um frischknackige Sprossen zu bekommen, sollte man den Senfkörnern, Kichererbsen, Adzuki- oder Sojabohnen in kleinen Mengen zuzugeben. Die Senföle wirken im Sprossenglas antibakteriell. Im Garten wächst Senf fast an jedem Ort auf den ein Samenkorn fällt. Vorausgesetzt, er wird zwischen März und Mai – am besten in Reihen mit einem Abstand von 15 bis 20 Zentimetern – ausgesät.

Wer Samen ernten will, um sie entweder selbst zu einer Senfpaste zu verarbeiten oder zu einem der vielen anderen Zwecke beim Kochen einzusetzen, muß damit beginnen, sobald sich die Schoten leicht braungelb verfärben. Sie sollten nur früh morgens oder bei bedecktem Wetter vom Halm geschnitten und zum Nachtrocknen und Reifen auf Tücher gelegt werden. Auf denen lassen sie sich leicht ausdreschen. Durch beständiges Hin- und Herbewegen fallen die Körner leicht aus.

Schärfe auf der Zunge entstehen lassen

Senfkörner schmecken nach dem ersten Biß zunächst mild und nussig. Ihre typische Schärfe entwickeln sie erst im Nachhinein. Das kommt daher, daß trockene Körner kein Senföl enthalten. Das indessen macht den Senfgeschmack aus. Dieses Öl entsteht in dem Augenblick, in dem die Inhaltsstoffe des Samens mit Wasser Kontakt bekommen. Dann spaltet sich mit Hilfe des Ferments Myrosin das im Korn befindliche Glukosid Sinigrin in Traubenzucker und Senföl. Ganze Körner sollten deshalb nur dort zum Würzen verwendet werden, wo sie Zeit haben, ihr Aroma wirklich zu entfalten. Das bedeutet: Vor allem beim Einlegen.

Hanjo Seißler nascht Senf so, wie andere Menschen Pralinen.

Feinfühlig wie die Prinzessin auf der Erbse

Der Prozeß des Umwandelns von Sinigrin in Senföl und Traubenzucker ist sehr kompliziert. Er darf nicht gestört werden. Zum Beispiel dadurch, daß der Samen erhitzt wird, denn dann wird die Senfpaste gallebitter. Um das zu vermeiden, sollte er nicht mit der Marinade aufgekocht, sondern zwischen einzukochendes Gemüse geschichtet und das danach übergossen werden.

Gesundheit durch Genuß

Senfpflanzen haben es in sich. Es läßt sich wegen der Mineralien, Vitamine, Enzyme und Öle, die sie enthalten, an zwei Fingern ausrechnen: Wer Senf als Kraut, als Korn oder als Paste zu sich nimmt, ißt gesund. Senfschlemmer sind schon dabei beobachtet worden, wie sie ganze Tafelrunden dazu animierten, vorm Essen gemeinsam auszurufen: „Das schmeckt und – ist gesund!“ Kein Scherz. Überdies jedoch empfahlen bereits zu Zeiten des „Alten Roms“ Ärzte Senf gegen Schlangenbiß, Haarausfall, Aussatz und gegen Läuse. Richtig gelesen: gegen Läuse. Im Mittelalter blieben die „Experten“ näher an der

Wirklichkeit. Sie wußten: „Senft sterkt die dauwung und zerteylet die groben speiß im magen." Daß sie damit recht hatten, das bestätigen ihnen die Wissenschaftler dieser Tage. Am Max-Planck-Institut für Ernährungsphysiologie in Dortmund haben sie beobachtet, daß fettes Fleisch den Magen sehr viel schneller passiert, wenn es zusammen mit Senf genossen wird. Was wiederum den Kreislauf aufs angenehmste entlastet. Ein Teelöffel Senfsamen regt den Appetit an und hilft gegen Magen- und Darmverstimmungen. Es gibt Experten, die behaupten, mit Speisesenf aus schwarzen Körnern ließen sich sogar Magengeschwüre behandeln.

Zum Wohle

Gesichert ist die Erkenntnis, daß Senfkörner in kleinen Dosen genommen, das Blut reinigen und den Gesamtorganismus stärken. Sie wirken desinfizierend, wenn sie, als mit Senfmehl beschichtetes Pflaster, – im Apothekerdeutsch: Semen Sinapis pulveratum exoleatum – auf die Haut gebracht werden. Das Hausmittel hilft durch seine ätherischen Öle bei Muskelschmerzen, Verrenkungen und sogar bei Rheuma, Ischiasschmerzen und bei Gicht. Reines Senföl reizt zu stark, es darf nur mit Alkohol verdünnt – Spiritus Sinapis – zum Einreiben verwendet werden. Bei verschleppten Bronchialkatarrhen lösen Senfwickel festsitzenden Schleim in den Atmungsorganen. Es gibt Wasseranwendungen mit Senfsamen-Zusatz, beispielweise Fußbäder gegen Fieber, Sitzbäder gegen Unterleibsbeschwerden und Wannenbäder bei einsetzenden Erkältungskrankheiten. Brust- und Herzbeschwerden verschwinden, sobald Senfwickel mit konzentriertem Senfwasser angewendet worden sind. Als Senfgrün wird der Senf seit Ur-, Ur-, Urgroßvaters Tagen, wie die Kresse, im Frühjahr zum Entschlacken gegessen. Daß Senf einen klaren Kopf macht und die Gehirntätigkeit anregt, bestätigte selbst der über alle Maßen skeptische Jacob Moleschott in seiner „Lehre der Nahrungsmittel" des Jahres 1853. Seit neuem wissen Mediziner, Pharmakologen und Pflanzenheilkundler um seine antibiotische Wirkung. Stets betonen die Fachleute, daß der Einsatz von Senf, einerlei ob als Genuß- oder als Heilmittel nie übertrieben werden darf, andernfalls Entzündungen, Blasenbildungen und andere erhebliche Unpäßlichkeiten auftreten können.

Dem Vater auf das Fahrrad helfen

Die Wirkung von Heilmitteln mit oder aus Senf beruht bei äußerlicher Anwendung auf der stärkeren Durchblutung der behandelten Körperteile, das ist der Grund dafür, daß im Süden Italiens seit Menschen Gedenken immer wieder wagemutige Männer Senf als eine Art Viagra-Vorläufer einsetzen: Sie reiben sich die Körperpartien, deren Leistung sie steigern wollen, mit Senfspiritus ein. Das führt zwar zur erwünschten Steigerung, brennt auf den Schleimhäuten indessen wies Fegefeuer. Kaum anzunehmen, daß das ebenfalls gewollt ist.
Indische Männer sind schlauer: Sie hüllen allerlei Gemüse- und Fischgerichte aus dem nämlichen Grunde geradezu in eine Schicht aus schwarzem Senfsamen. Das führt offensichtlich zum angestrebten Ziel: Weshalb sonst sollte Mönchen das Verwenden von Senfsamen in der Küche buddhistischer Klöster verboten sein?

EINST EIN HANDWERK MIT GOLDENEM BODEN

Mitte des 19. Jahrjunderts begann die Mechanisierung der Senf-Herstellung. Maurice Grey, Dijoner „moutardier", demonstriert den Beginn der Neuzeit in der Feinkost.

Selbstverständlich gibt es vielerorts gute bis sehr gute, meist kleine Senfmühlen. In Monschau in der Eifel beispielsweise steht ein winziger Betrieb, in dem Senf noch auf traditionelle Weise hergestellt wird. Und der ist wahrhaftig nicht von schlechten Eltern. Allein – schwierig bis schlecht zu bekommen, wenn die direkte Bezugsquelle nicht zur Hand, der Pott – wegen mangelnder Logistik – „plötzlich" leer, kein Feinkostladen in der Nähe ist oder was es sonst noch für Gründe gibt, nur mit Mühe ans Ziel von Schlemmerträumen zu gelangen. Leckermäuler allerdings kennen ihre Adressen. Auf Nummer Sicher geht – sowohl was den Genuß als auch was die Verfügbarkeit betrifft –, wer sich mit Senf aus der Hauptstadt des französischen Dèpartements Côte d'Or und der Region Burgund, Dijon, verproviantiert. Dort wird seit dem 13. Jahrhundert Senf in Fabriken produziert. Die Stadt hielt lange Zeit für Frankreich das Monopol auf dessen Herstellung. Mit seiner Produktion oder durch seinen Verkauf haben sich in früheren Jahren Pfiffiküsse eine goldenen Nase verdient. Kein Wunder, daß aus Dijon Senf kommt, der seinesgleichen sucht.

Diese Senfpresse aus den 20er Jahren steht im Maille Museum in Dijon.

HOFLIEFERANT VON KAISERN UND KÖNIGEN

1771 wurde Maille offizieller Hoflieferant der russischen Zarenfamilie. Katharina II. liebte die scharfe Paste über alles.

Eine der bekanntesten Senfmühlen der Stadt, nein, des Weltkreises trägt den Namen Maille. Dieses Unternehmen ist im Jahr 1747 von Antoine Maille gegründet worden. Alexandre Dumas wird sich bei dem Aufenthalt, bei dem er Senf als Delikatesse entdeckte, nicht nur am Essig des Hauses Maille ergötzt haben. Auch viele der Senfsorten, die er zu der Sauce verarbeitete, deren gigantisch guter Geschmack ihn zum Verfassen seiner Notiz „an alle Feinschmecker der Erde" brachte, werden von Maille geliefert worden sein. Schon 1769 wurde Maille Hoflieferant des französischen Königs. Nicht viel später „maillte" es am Hof des Kaisers von Österreich und an dem des russischen Zaren. Es soll damals Freßfreunde gegeben haben, die Maille als den „begnadesten Essig- und Senfhersteller aller Zeiten" bezeichnet haben. Im 19. Jahrhundert gehörten Otto von Bismarck und der preußische König Friedrich Wilhelm IV. zu den Liebhabern des Senfs aus Dijon. Auch der Maler Claude Monet zählte zu seinen Freunden.

Klasse trotz Masse

Es wird kein Mensch meinen, daß bei seiner weltweiten Verbreitung, Maille-Senf in einem Handwerksbetrieb hergestellt wird. Dies Schicksal teilt sie übrigens mit den meisten Weinkellern, Brennereien, Käsereien oder anderen Orten, bei deren namentlicher Erwähnung wahre Eß- und Trinkliebhaber nostalgische Träume heimsuchen. Der Qualität des Senfs von Maille – das wird hier versichert, hjs – hat es nicht geschadet. Heute sorgen der Koch, Konditor und Feinkosthändler Christian Riffet und der Koch Philippe Colombet dafür, daß Connaisseure in aller Welt bei der „maillischen Stange" bleiben. Riffet arbeitet seit 1985 bei Maille an Rezepten und in der Produktforschung. Colombet ist seit 1998 dabei. Beide denken, wenn sie das Wort „Senf" hören, augenblicks an „Geschmack, Aroma, Farbe, Schärfe und Feinheit".

Nach Dijon der Schärfe wegen

Im übrigen lohnt ein Besuch Dijons nicht nur der Weine wegen, die aus dieser Region stammen, sondern auch wegen des Ladengeschäfts von Maille, das solange es geöffnet hat, mit Kunden voll ist – eine Filiale davon gibt es seit 1997 auch in Paris – und wegen einer Visite im „Senfmuseum" der Firma Amora Maille. Im Restaurant „Le Pré aux Clercs" einzukehren und sich dort vom Patron Jean-Pierre Billoux „besenftigend" bekochen zu lassen, hat noch keinem Menschen geschadet. Ganz im Gegenteil.

Die Metamorphose eines Samenkorns zur Delikatesse

Das Herstellungsprinzip ist überall gleich. Es gibt je nach Rezept Abweichungen. Zur Senfherstellung können, wie weiter vorn beschrieben, verschiedenerlei Senfsamen verwendet werden.

Nicht nur Bier schmeckt aus dem Hahn am besten: Senf-Ausschank in der Pariser Maille-Boutique.

Maille nimmt ausschließlich den von Braunsenf (Brassica juncea) aus Kanada. Die Körner werden gereinigt, gesiebt und zusätzlich poliert. Dann wandern sie in Maisch-Behälter, wo sie mit Wasser, Essig, Kochsalz und Gewürzen gemischt werden. Nur bei Dijon-Senf bleiben die Körner während des Einmaischens ganz. Sie werden – weil sie nur so ihre wahre Schärfe entfalten – ganz zum Schluß zermahlen.
Bei diesem Verfahren halten sich die Geschmacks- und die Aromastoffe sehr lange in der „Rohmasse". Das Senföl bleibt im Senfkorn eingeschlossen. Dadurch bekommt Dijoner Senf sein besonderes Aroma, überdies ist er sehr geschmeidig. Nach dem Mischen der Zutaten wird die Masse gemahlen und dabei werden die Schalen herausgesiebt. Senf aus Burgunds Hauptstadt darf allenfalls zu zwei Prozent Schalen enthalten. Die entstandene feine Masse wird eine Zeitang gelagert – die Spanne bestimmt das Gespür des Senfmeisters – und erst dann abgefüllt.

Vielfalt statt Einfalt

Es ist wirklich verwunderlich, wie einfältig in den meisten privaten Haushalten und in professionell geführten Küchen mit der Vielfalt an Speisesenf-Arten umgegangen wird. Niemand sollte meinen, daß die Einfalt des Umgangs ein deutsches Phänomen sei. Mitnichten! Ein Klacks zur Wurst und zum Eisbein, zwei Löffel zur Sauce an Schellfisch oder Kabeljau, und – falls es hoch- oder überhaupt vorkommt – eine Messerspitze an eine Vinaigrette. Ende des Kochlöffelstiels! Traurig, traurig. Dabei gibt es Deutschland – einschließlich der importierten – über einhundert verschiedene Tafelsenfarten. Aus dem Stand können sogar von Laien unterschieden werden: Bordeaux-Senf, ist sehr dunkel und grobkörnig dazu, weil die Samenhülsen mitverwendet werden. Diese Paste wird mit Weinessig angerührt und mit vielen Kräutern, zuvörderst Estragon, versetzt. Sie ist sehr würzig und paßt vortrefflich zu Gebratenem und Gegrilltem.
Champagner-Senf, wird mit Wein aus der Champagne – mit was sonst? – produziert. Diese Crème ist ganz besonders mild und rund im Geschmack. Sie schmeckt als Zutat zu Fleisch, macht aber auch Vinaigrettes für feine Salate und Saucen zu einem Erlebnis.
Dijon-Senf kriegt seinen Kick durch den Most unreifer Trauben. Er ist, obwohl fruchtig im Geschmack, dadurch, daß ausschließlich schwarzer, nicht entölter Senfsamen seine Grundlage bildet, üblicherweise scharf. Es gibt ihn in ungeahnt vielen Variationen: angereichert mit Meerrettich, Paprika, Schalotten, provenzali-

Ein Stück Paradies für Mostrich-Liebhaber: die Maille-Boutique an der place de la Madeleine in Paris

schen Kräutern, Paprika und Knoblauch und was sonst noch einen Senfbrei ergänzen, verändern, hinstimmen kann. Dijon-Senf sollte bei jedem französischen Rezept verwendet werden, das Senf als Zutat vorsieht. Das macht selbst vor Desserts nicht halt. Es gibt Estragon-Senf, dem natürlich Estragon beigemischt wird, der meist mittelscharf ist und Geflügel und Wild wundervoll würzt.

Extrascharfer (Düsseldorfer) Senf besteht in erster Linie aus schwarzem Senf und Weinessig. Durch ihn wird der Verzehr von fettem Fleisch zum Spaß. Auch deftige Braten gewinnen durch ihn.

Mittelscharfer Senf ist der Senf, der in Deutschland „am liebsten genommen" wird. Aus Moutarde au poivre vert ist ein mittelscharfer Senf, dem grüner Pfeffer beigemischt wird. Er wird stets gebraucht, wenn Fleisch gegrillt wird. Bekommt allerdings grünem Salat mit Borretsch, Nußöl und Himbeeressig ausgezeichnet.

Süßer Senf enthält viele Kräuter und schmeckt sehr mild. Die Bayern lieben ihn in Mengen zu Leberkäse, Schweinsbraten und zu Käse. Speziell zu Emmentaler. Jeder so, wie er es mag.

Wer sich Tomato-Senf hat einfallen lassen, bleibt im Dunkeln. Nach seiner Zusammensetzung zu urteilen – er ist mild und von Tomaten und Johannisbeeren durchdrungen –, könnte sein Erfinder aus den Vereinigten Staaten von Amerika stammen. Die Aufzählung ließe sich fortsetzen. Jede Käuferin und jeder Käufer wird eine Vielzahl kennengelernt haben. Es lohnt sich selbst dann, wenn von Zeit zu Zeit Enttäuschungen dabei sind, immer wieder neue Sorten auszupobieren.

Umgangsformen

Wer Senf als Würze mag, sollte stets mindestens drei bis vier unterschiedliche Arten auf Vorrat halten: Auf jeden Fall Dijon-Senf, ohne ihn kann keine Salatsauce gelingen; sodann extrascharfen oder ein gutes Senfpulver aus Großbritannien – von dort kommen die besten – zum Vervollkommnen deftiger Braten und eine oder zwei andere Senfarten als Beikost zu Wurst, Fleisch oder Käse. Senf kann sich „ewig" halten, wenn er gut verschlossen im Kühlschrank aufgehoben wird. Leckermäuler lassen es allerdings soweit nicht kommen. Sie sorgen dafür, daß er so schnell wie möglich über Gaumen und Magen „entsorgt" wird. Die Schärfe des Senfs vergeht mit dem Kochen. Wer an ihr hängt, würzt sein Gericht erst kurz vor Ende der Garzeit mit Senf.

Ist es ein Traum, dann ist Erwachen Qual

Es sind nicht nur enthusiasmierte Senffreunde, die für alle Fälle und zu ihrem Spaß ständig Colman-Senfpulver – das seinen Namen nach dem Müller Jeremiah Colman aus dem britischen Norwich trägt, der die erste Senffabrik Britanniens eröffnete – im Hause haben, um daraus und aus Senfkörnern, allerfeinstem Essig, Weinmost, Pfeffer, Zimt, Gewürznelken, Zucker, im Bedarfsfall Meerrettich und Salz einen eigenen Mostrich anzurühren. Jaha. Oho. Und das Oho läßt sich steigern, wenn Kochliebhaber sich an „Henriette Löfflerës großes illustriertes Kochbuch", 10. Auflage, und die darin enthaltenen Weisungen halten, die aus der Zeit um die Jahrhundertwende stammen. Die Stuttgarter Hausfrau hatte für ihre Anhänger vier eigene Sorten parat. „426. Anchovissenf. 10 Sardellen oder Anchovis werden entgrätet, gewaschen, getrocknet, gestoßen, durch ein Haarsieb getrieben, mit 150 Gramm mit Wasser getriebenem Senfmehl gut vermengt und die gewonnene Senfmasse in einen steinernen Senftopf gefüllt, dieser dicht verschlossen und kalt aufbewahrt. – 427. Englischer Senf. 250 Gramm englisches Senfmehl wird mit einem 1/2 Liter gekochtem und wieder erkaltetem Wasser gut abgerieben und die gewonnene Masse in einen steinernen Senftopf gefüllt, dieser luftdicht verschlossen und trocken und kalt aufbewahrt. – 428. Ravigotsenf. 50 Gramm Estragon, 50 Gramm Kerbel, 50 Gramm Pimpernell und 50 Gramm Kresse werden abgebrüht, dann wieder verkühlt, in einem Tuch ausgepreßt, der Kräutersaft durch ein Haarsieb getrieben, mit 200 Gramm mit Wasser abgeriebenem Senfmehl vermischt, in den Senftopf gefüllt, diesen gut geschlossen und kalt aufbewahrt.

Manchmal kann das Leben schön sein. Unter anderem auch dann, wenn einfacher Senf mit je einem Eßlöffel Weißwein und Traubensaft auf ein normal großes Glas, promoviert worden ist. Oder, wenn die jungen Blätter einer Senfpflanze – Aufzucht siehe vorn – aus einem simplen grünen Salat eine Delikatesse gemacht haben. Liebhaber, im doppelten Wortsinn, sollen unmittelbar in den siebenten Himmel aufsteigen, wenn sie einen trockenen Sherry und Toast genossen haben, der mit einer Crème bestrichen war, die aus einem Stück geräucherter Zunge, die in einem Mörser zusammen mit zwei Stücken eingelegtem Ingwer und einigen frischen Salbeiblättern zerstampft und mit Dijon-Senf abgeschmeckt wurde. Auch die „Kalte Senfsauce" aus einem Achtelliter geschlagener süßer Sahne, unter die zwei Teelöffel scharfer Dijoner-Senf, zwei Teelöffel süßer Senf aus Bayern, zwei Teelöffel grober, französischer Senf (moutarde ancienne), ein halber Teelöffel abgeriebene Zitronenschale, etwas Salz, weißer Pfeffer aus der Mühle und ein halber Teelöffel Zucker gehoben wurden und die zu gekochtem Fisch, kaltem Rindfleisch und/oder hartgekochten Eiern serviert worden sind, soll schon manchem Vater wieder aufs Fahrrad geholfen haben. Nicht anders die „Kalte Meerrettichsauce", die aus einem Achtelliter süßer Sahne, vermischt mit zwei Eßlöffeln selbst gemachter Mayonnaise, vier Eßlöffeln frisch geriebenem Meeerrettich, drei Eßlöffeln Sherry-Essig, einem Teelöffel Zucker, einem Teelöffel mildem Senf, entsteht. Das Gerät zum Durchheben sollte ein Schneebesen sein. Nach dem Genuß dieser Sauce zu kaltem Roastbeef oder Braten, zu Fleisch- oder Fischfondue wachsen Frauen und Männern Flügel.

Und auch Hermine Kiehnle gab in ihrem Kochbuch „die Anweisung Nr.1744, Senf selbst zubereiten: Vom besten englischen Senfmehl nimmt man 3 gehäufte Teelöffel in ein kleines Töpfchen und verrührt dies mit 1,5 Teelöffel Weinessig und so viel Wasser, daß ein dünner Brei entsteht. Man fügt noch 1 Teelöffel Zucker und Brise Pfeffer zu, stellt es in ein Gefäß mit kochendem Wasser und läßt es unter Rühren langsam zum Kochen kommen. Nach etwa 15 Minuten ist der Senf aufgequollen und hält sich lange frisch.."

Schön, daß es das Kiehnle Kochbuch in seiner heutigen Form mit vier verschiedenen Senfrezepten zum Selbermachen gibt.

GESCHICHTEN DIE GESCHICHTE SIND

Beflügeln können aber allein schon die Geschichte des Senfs und die Geschichten, die um ihn herum erzählt worden sind und erzählt werden.

Womit bewiesen wäre, daß selbst Kostverächter zu keiner Zeit, an keinem Ort, Senf missen mögen. Hat sich gut gehalten, das Pflänzchen und die aus ihm gewonnenen Leckereien: Denn die kleine goldene Würzkugel liegt den Menschen seit Jahrtausenden am Herzen. Und das nicht nur deshalb, weil sie den Menschen als ein Symbol dafür vor Augen steht, daß kleine Ursachen große Wirkungen zeitigen können. Theophrastos, der griechische Philosoph und Naturforscher vermerkte vor rund 2350 Jahren – und vor ihm hatten sich bereits, wie erwähnt, Inder und Ägypter mit dem Senf beschäftigt – in seinem Pflanzenbuch: „Senf dient der Stärkung und Belebung der Organe oder zur Bereicherung abgeschmackter Kost." Und der aus Como stammende „Römer" Plinius der Ältere (*23 oder 24 nach Christus, + 79 beim Ausbruch des Vesuvs), ein Soldat mit hervorragenden naturwissenschaftlichen Kenntnissen, Verfasser der „Naturalis historia" in 37 Bänden, schreibt, der Senf werde in seiner Wildform „zu verschiedenen Zwecken" gesammelt. Die pulverisierten Samen galten ihm und seinen Zeitgenossen als wirksames Heilmittel. Und er vermerkte, aus den Senfkörnern werde Öl gepreßt, das Blattgrün gebe einen „überaus erfrischenden Salat". Marcus Gavius Apicius, der etwa hundert Jahre vor Plinius lebte und ein römischer Feinschmecker war, hat der Nachwelt, neben vielen anderen Rezepten, auch das für eine „Dattelsauce zum Schnitzel" hinterlassen: „Ius in copadiis; Piper, apii semen, careum, satureiam, cneci flos, cepullam, amigdala tosta, careotam, liquamen, oleum, sinapis modicum. Defrito coloras." Also: Schnitzelsauce: (Nimm) Pfeffer, Selleriesamen, Feldkümmel, Bohnenkraut, wilden Safran, eine kleine Zwiebel, geröstete Mandeln, Datteln, garum (eine Fischsauce, hjs), Öl und ein wenig Senf. Färbe es mit defrutum (einem eingekochten Most, hjs). Ist das nichts? In dem Band –Genießen wie die alten Römer – Antike Küche neu entdeckt" von Ilaria Gozzini Giacosa, findet sich neben vielen wunderbaren Kochanweisungen auch ein ein Rezept darüber: „Wie man Senfsauce herstellt". Eine Zauberformel, die wegen des Aufwandes der betrieben werden muß, den Rahmen dieses Beitrages sprengt.

Brassica nigra ist eigentlich ein Kohl und trägt braune bis schwarze Samen. Sinapis alba dagegen hat weiße oder gelbe Senfkörner.

Eine Delikatesse wird deutsch

Am Anfang des Mittelalters begann der Feldanbau von Senf in ganz Europa. Der Senf gelangte endgültig an heimische deutsche Herde. Ein damaliger Genießer notierte ein Rezept zur Herstellung von Senfpaste: „Ein Teil zerstoßener Senf wird mit Wasser übergossen, zu einer Paste verrührt und gären lassen. Nach drei Tagen wird die Paste erneut durchgeknetet und mit einem Teil guten Mosts aus Quitten vermischt. Anschließend wird die Masse mit Honig, Zimt und Nelken abgeschmeckt, und fertig ist die Paste", die berühmt wurde als „Mustardum" oder „mustardum ardens"."

Leute, die ihren Senf dazu gaben und geben

Kenner denken, wenn sie „Mustardum" hören, augenblicks an die „Mustarde de Dijon". Den französischen Nachbarn ist die außerordentliche Würze so wichtig, daß sie ihre Güte seit 1937 durch den Staat kontrollieren lassen.

So wie es Rezepturen mit Senf für alle Gelegenheiten – von der Vorspeise bis zum Dessert – ohne Zahl gibt, so gibt es auch Geschichten ohne Ende. So soll der zanksüchtige Papst Johannes XXII. (1316 – 1334) einen mißratenen Neffen zum „Premier Moutardier du Pape" ernannt haben, um ihm ein Einkommen am Hof zu Avignon zu sichern. Im eben diesem Jahrhundert verfaßte eine Kochlegende, Taillevent, Leibkoch am Hofe Karls VI. den „Viandier", das erste Kochbuch in einer modernen Sprache. Darin finden sich Rezepte, in denen der Senf so angewendet wird, wie es heute noch üblich ist. Von Ludwig XI., dem grausamen Monarchen, wird behauptet, er habe sich seinen Mostrichtopf stets nachtragen lassen, wenn er auswärts speisen ging. Unter Ludwig XII. (1462 – 1515) bildeten die Senfverkäufer mit den Saucenhändlern, den Essigfabrikanten und den Destillateuren eine Zunft.

Heiß begehrt und hoch bewertet guter Senf und feiner Essig. Die ambulante Händlerin kam herum, der Kellner von oben herab.

ADELSBRIEF AUSGESTELLT VON ALEXANDRE DUMAS

Die schönste und großartigste Geschichte jedoch stammt aus der Feder von Alexandre Marquis Davy de la Pailleterie, der sich Alexandre Dumas nannte (1802 – 1870) und der nicht nur die Romane „Die drei Musketiere" und „Der Graf von Montechristo" schrieb, sondern der ebenfalls das „Grand Dictionnaire de Cuisine" verfaßte. Dumas mußte einmal in Dijon übernachten, mithin auch zu Abend speisen. Diesem Abendessen verdankt die Welt eine Notiz über den Senf, die Dumas „an alle Feinschmecker der Erde" richtete.

„Im Hotel du Parc verlangte ich um elf Uhr nachts zu speisen. Man bot mir zwei Hammelkoteletts und ein halbes kaltes Huhn.
„Welchen Mostrich wünschen Sie", fragte mich der Kellner.
„Dijoner, welchen sonst?", sagte ich.
Mit beleidigter Miene antwortete er: „Wir haben 84 Sorten für Herren und 29 für Damen."
„Welches ist der Unterschied zwischen Herren- und Frauen-Senf?", fragte ich.
„Damen haben einen feineren Gaumen als Herren. Deswegen haben wir in Dijon eine sanftere Kollektion für die Damen vorrätig."
„Dann bringen Sie mir die besten von beiden", befahl ich.
„Wie? Mein Herr. Sie wollen Damen-Mostrich essen?", rief er verwundert. Dann ging er und brachte auf zwei Tabletts zu meinen Koteletts je sechs Sorten Senf. Ich bin kein großer Mostrich-Liebhaber und brauchte bisher dieses „Vorwort des Appetits" nur selten. Jetzt häufte ich mir zwölf kleine Senfpyramiden auf den Tellerrand und begann zu essen. Was ich erlebte, war eine Offenbarung. Kapern- und Sardellen-Mostrich, mit Knoblauch, mit Estragon, mit feinen Kräutern, mit Zitronenöl, mit Pilzen, süßsauer, à la ravigote und à la grecque, roter Senf und pulverisierter, mit Wasser angerührter.
Ich schob das zweite Kotelett beiseite, ließ es warmstellen und orderte Thunfisch und Ölsardinen, die ich auf meinem Teller zu einem feinen Brei zerdrückte. Zwei hartgekochte, feingeschnittene Eier fügte ich hinzu, schnitt Cornichons klein, würzte mit zwei Sorten Senf – mildem und scharfem –, schmeckte mit Tafelessig von Maille ab und ließ mir dann alles durch ein Sieb streichen. Was ich jetzt auf kleinem Teller zurückbekam, war eine himmlische Sauce, die zu meinem Kotelett nicht übel war, zu Austern und Schalentieren jedoch ideal sein mußte".

Was ist dem noch hinzuzufügen? Nichts. Außer: Senf!

PIO BEIM ÖFFNEN DER
JACOBSMUSCHELN.
REZEPT SIEHE SEITE 64.

ERLÄUTERUNGEN :

Die Rezepte sind, soweit nicht anders vermerkt, in ihren Zutaten auf vier Personen ausgerichtet. Grundrezepte, wie Gemüse- oder Fleischbrühe sind im Anhang an diesen Rezeptteil auf Seite 142 erwähnt.

Hinweis:
Die Rezepte basieren im wesentlichen auf den Senfsorten „mittelscharf", „Dijon-Original", „à l'ancienne" und „au miel" ; ansonsten werden im Rezept ebengenannte Sorten auch als Basis verwendet, wenn sie mit frischen Produkten (wie z.B. Estragon o.a.) verändert werden. Am Rezeptfuß wird es dann allerdings einen Hinweis auf das entsprechende erhältliche Fertigprodukt geben (so z.B. Senf „à l'estragon").

SYMBOLE :

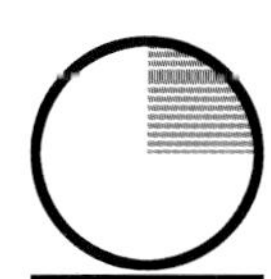

IM HANDUMDREHEN
Nicht ganz so schnell, wie es dauert eine Dose zu öffnen. Aber das Ergebnis ist absolut unvergleichlich.

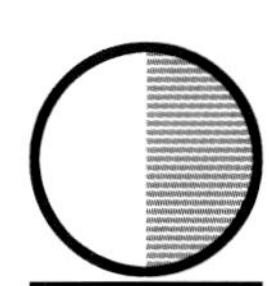

NUR EIN WEILCHEN
Ein bißchen mehr Zeit, als es braucht, einen Imbiß herzurichten, wird bei diesen Gerichten benötigt.

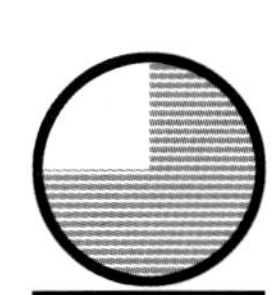

ZEIT IST GÜTE
Das sollten Familie und Freunde wert sein. Um das zu zaubern, können Stunden vergehen.

DER SENF IM SALAT

- Caesar's salad
- Salat von Bergkäse
- Vitasalat
- Geflügelleber
- Senfgebeizter Lachs
- Pulposalat
- Vitello „Dijonnato"
- Matjessalat
- Apfelcarpaccio
- Thunfischtatar

SALATE

Cajun-Gewürzmischung läßt sich auch selbst herstellen und für andere Zwecke verwenden: je 1 TL schwarze Pfefferkörner, Kreuzkümmelsamen und weiße Senfkörner, alles in einer Pfanne ohne Öl rösten und mit je 1 TL Chilipulver, getrocknetem Oregano, Salz und je 2 TL Paprikapulver und getrocknetem Thymian fein mahlen

ZUTATEN:
1 kleiner Kopf römischer Salat,
100 g Kirschtomaten

DRESSING:
80 g ganze, geschälte Mandeln,
2 EL provenzalischer Senf
(alternativ: je 1 EL mittelscharfer und Dijonsenf),
2 Sardellenfilets,
1 Knoblauchzehe,
140 ml Gemüsebrühe,
120 ml Sonnenblumenöl,
Zitronensaft, Salz, Pfeffer

PARMESAN:
30 g Parmesan im Stück

CROÛTONS:
4 Scheiben Toastbrot,
60 g Butter,
1 Knoblauchzehe, Salz

SPECK:
100 g Frühstücksspeck
in Scheiben (Bacon)

POULARDENBRUST:
2 Poulardenbrüste,
2 EL Öl zum Braten, Salz,
2 TL Gewürzmischung
„Creole bzw. Cajun Seasoning“

ZUBEREITUNG:

1.
Salat putzen, waschen, trockenschleudern und in mundgerechte Stücke schneiden. Tomaten waschen und halbieren.

2.
Für das Dressing Mandeln in einer Pfanne ohne Öl goldbraun rösten und abkühlen lassen. Zusammen mit Senf, Sardellenfilets, gepellter Knoblauchzehe, Zitronensaft und der Hälfte der Gemüsebrühe in einer Küchenmaschine fein pürieren. Salatöl erst tropfenweise, dann in einem dünnen Strahl hineinlaufen lassen. Ab und zu mit Brühe verdünnen, bis das Dressing eine sämige Konsistenz hat. Mit Salz, Pfeffer und Zitronensaft abschmecken. Parmesan in feine Späne hobeln.

3.
Toast entrinden und würfeln. Butter mit der halbierten Knoblauchzehe in einer Pfanne erhitzen, Brotwürfel unter Rühren darin goldgelb braten, leicht salzen und auf ein Sieb geben.

4.
Speckscheiben in der Pfanne ohne Fettzugabe knusprig ausbraten.
Croûtons und Speck warmhalten.

5.
Gewürzte Poulardenbrust in einer Pfanne in wenig Öl anbraten, Temperatur reduzieren und auf beiden Seiten jeweils ca. 3 Minuten fertig braten (bei dieser Zubereitungsmethode dürfen Fleisch sowie die Gewürze etwas dunkler als gewöhnlich werden, was dem Geflügel eine leicht bitterscharfe Nuance gibt – im amerikanischen Sprachgebrauch wird dies als „blackened“ bezeichnet).
Salat mit dem Dressing marinieren, zusammen mit Tomaten, Poulardenbrust, Croûtons, Bacon und Parmesan anrichten.

CAESAR'S SALAD

mit „blackened" gebratener Poulardenbrust

ZUTATEN:
300 g Bergkäse,
1 reife Avocado,
1 Kopfsalat,
75 g Cashewkerne

DRESSING:
1 reife Birne,
Saft und Schale einer
halben Zitrone,
1 kleines Stück Zimt,
100 ml Weißwein,
100 g grüne, möglichst
kernlose Weintrauben,
40 g Dijonsenf,
evtl. etwas flüssige Sahne
zum Verdünnen

SALAT VON BERGKÄSE, AVOCADO, KOPFSALAT UND CASHEWKERNEN

in einem Birnen-Senfdressing

ZUBEREITUNG:

1.
Käse entrinden und in Streifen schneiden. Avocado halbieren, den Kern entfernen und mit einem Eßlöffel das Fruchtfleisch auslöffeln, in Spalten schneiden. Kopfsalat putzen, waschen, abtropfen lassen und in mundgerechte Stücke zupfen.

2.
Cashewkerne in einer Pfanne ohne Fett rösten.

3.
Zitrone heiß abwaschen, mit einem Sparschäler dünn schälen und den Saft auspressen. Birne schälen und vierteln; Schalen und Kerngehäuse mit Zitronenschale, Zimt und Weißwein auf ein Drittel einkochen lassen, durch ein Sieb passieren.

4.
Birnen und Weintrauben fein würfeln und mit etwas Zitronensaft beträufeln. Im Weinsud 5 Minuten kochen, Dijonsenf hinzugeben, aufkochen und abschmecken. (Dieses Rezept läßt sich auch in größeren Mengen produzieren, dann kochend heiß in Gläser abfüllen und mit einem Twist-off-Deckel verschließen; 1 Jahr lagerfähig.)
Sollte das Dressing zu kompakt geraten sein, mit etwas Sahne verdünnen.
Salatzutaten anrichten und Dressing darüber geben.

VITASALAT

mit Frenchdressing und fritiertem Süßkartoffelstroh

ZUTATEN:
je 1 Bund Rauke,
Löwenzahn und Brunnenkresse,
1 Kopf Radicchio
(alternativ können nach Wunsch auch andere Blattsalate verwendet werden),
1 Pkt Senfsprossen
(ersatzweise: Alfalfasprossen o.a.),
1 Bund Radieschen
400 g Süßkartoffeln,
etwa 500 ml Öl zum Fritieren,
Salz

DRESSING:
je 1 EL Dijon- und Honigsenf
(oder süßer Senf),
Salz,
Pfeffer,
1/2 Knoblauchzehe,
3 EL Weißweinessig,
3 EL Weißwein,
100 ml Salatöl
(z.B.: Soja-, Sonnenblumen- oder Distelöl),
2 EL Joghurt,
3 EL Gemüsebrühe

ZUBEREITUNG:

1.
Knoblauch hacken, mit Senf und Essig verrühren.
Unter ständigem Rühren Öl erst tropfenweise, dann in einem dünnen Strahl dazugeben und wie eine Mayonnaise aufrühren.
Mit Gemüsebrühe, Wein und Joghurt verdünnen und abschmecken.

2.
Blattsalate putzen, waschen und trockenschleudern, in mundgerechte Stücke zupfen. Radieschen putzen, waschen und in Scheiben schneiden.

3.
Süßkartoffeln waschen, schälen und in feine lange Streifen schneiden. Öl in einem kleinen, hohen Topf oder die entsprechende Menge in einer Friteuse auf ca. 175°C erhitzen und die Kartoffelstreifen 45 Sekunden kross fritieren. Leicht salzen und auf Küchenkrepp abtropfen lassen.
Salatzutaten mit dem Dressing marinieren, abschmecken, anrichten und mit den fritierten Süßkartoffeln garnieren.

ZUTATEN:
12 kleine Stücke Geflügelleber,
Pfeffer,
100 g Frühstücksspeck
in Scheiben,
12 Zahnstocher zum Befestigen
2 EL Öl und 1 EL Butter
zum Braten,
Salz,
2 Bund Rauke,
Rote Bete-Sprossen
(alternativ: andere Sprossen
wie z.B.: Alfalfasprossen)

DRESSING:
2 EL Rotweinessig,
1 TL Dijonsenf,
1 TL Honig,
5 EL Olivenöl, Salz, Pfeffer

CHUTNEY:
1 Ds (850 ml) Aprikosenhäften
(oder eine entsprechende Menge
frische Aprikosen,
von denen man aber die Haut
abziehen muß, in dem man sie
für etwa 10 Sekunden in
kochendes Wasser gibt und dann
in kaltem Wasser abschreckt),
2 Knoblauchzehen,
2 frische Chilischoten,
1 Stück (ca. 2 cm) Ingwer,
50 g getrocknete Aprikosen,
80 g Zucker,
70 ml Obstessig
(z.B. Apfelessig),
Salz,
1 EL grobkörniger Senf

mit Aprikosensenf-Chutney und Raukesalat

ZUBEREITUNG:

1.
Für das Chutney Aprikosen und getrocknete Aprikosen fein würfeln. Knoblauch pellen und hacken. Chilischoten halbieren, Kerne entfernen und fein schneiden. Ingwer schälen und fein hacken.

2.
Alle Zutaten außer dem Senf ca. 1 Stunde köcheln lassen, bis das Chutney eine sämige Konsistenz hat, mit Senf und Salz abschmecken.

3.
Rauke putzen, waschen und trockenschleudern, in mundgerechte Stücke zupfen.

4.
Für das Dressing Senf, Honig und Essig mit Salz und Pfeffer verrühren und tropfenweise mit dem Öl aufschlagen, so daß es eine leichte Bindung erhält.

5.
Leber putzen, pfeffern und jeweils mit einer Scheibe Speck umwickeln und mit einem Zahnstocher befestigen. In Öl von beiden Seiten bei mittlerer Temperatur ca. 2 Minuten rosa braten, Butter hinzufügen und salzen.
Mit dem Chutney, dem angemachten Salat und den Sprossen anrichten.

GEFLÜGELLEBER
im Speckmantel

ZUTATEN FÜR 6 PERSONEN:
1 Lachsforelle à 1,2-1,5 Kg,
bis auf die Haut filetiert
und Seitengräten gezogen

BEIZE:
je 1 kleiner Apfel
und eine kleine Möhre,
5 EL grobkörniger Senf,
60 g Salz,
3 TL zerstoßener
weißer Pfeffer,
50 g Zucker

SCHWARZWURZELN:
1 kg (2-3 Bund) Schwarzwurzeln
(alternativ: Petersilienwurzeln),
Zitronensaft,
Salz,
2 TL Zucker,
2 EL Olivenöl,
1 TL Butter,
2 EL Kapernäpfel (nach Wunsch),
etwas Friséesalat

dazu Friséesalat und Kapernäpfel

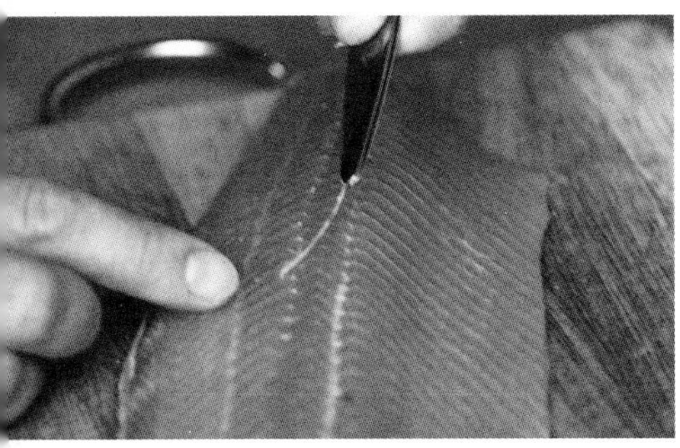

ZUBEREITUNG:

1.
Möhre schälen und zusammen mit dem Apfel raspeln. Mit den restlichen Zutaten der Beize mischen.

2.
Mischung auf eine Lachsforellenseite streichen und mit der zweiten Seite abdecken. In Folie wickeln und kühl 24 Stunden beizen lassen, wenn möglich einmal wenden.

3.
Gewürze von der Forelle streichen, Fisch mit einem scharfen Messer vom Schwanzende schräg in dünne Scheiben schneiden.

4.
Schwarzwurzeln gründlich waschen, schälen, Enden abschneiden und die Wurzeln in Zitronenwasser legen. In gesalzenem Wasser knapp garkochen, herausnehmen und abtropfen lassen.

5.
Schwarzwurzeln in Olivenöl goldgelb braten, mit Zucker bestreuen und karamelisieren lassen, mit Butter fertigstellen.

Zusammen mit der aufgeschnittenen Forelle, Kapernäpfeln und Friséesalat anrichten.

SENFGEBEIZTER LACHS

mit karamelisierten Schwarzwurzeln

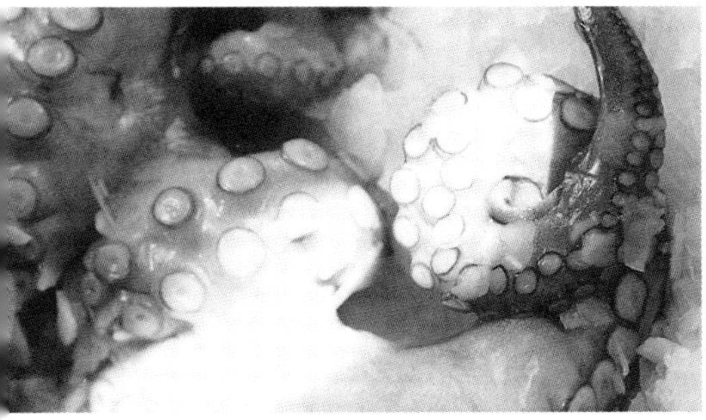

ZUTATEN:
1 küchenfertiger Pulpo,
Salz
(vorzugsweise Meersalz),
1 Lorbeerblatt,
1 Bund Suppengemüse
300 g grüne Bohnen,
2 Schalotten,
2 Knoblauchzehen,
2 kleine Köpfe Radicchio

DRESSING:
3 EL Olivenöl,
2 EL Zitronensaft,
1 EL grober Senf,
1 Bund Thymian,
Salz,
Pfeffer

ZUBEREITUNG:

1.
Pulpo waschen und in reichlich kochendem Salzwasser mit dem Lorbeerblatt ca. 2–21/2 Stunden garkochen, zwischendurch abschäumen.

2.
Nach 1 1/2 Stunden geputztes und klein geschnittenes Suppengemüse hinzugeben. Mit einem kleinen Messer im oberen Bereich der Fangarme die Garprobe machen: das Messer sollte ohne Widerstand eindringen können. Pulpo dann herausnehmen und etwas abkühlen lassen.
Für dieses Rezept verwendet man nur die Fangarme, die möglichst dicht am Körper abgeschnitten werden (man kann auch den Körper mitverwenden, muß dann aber Augen und Gehirn entfernen). Rosafarbene Haut abziehen und die einzelnen Arme in Scheiben schneiden. Die Garzeit des Pulpos kann man verkürzen, indem man ihn vor dem Kochen weichschlägt (z.B. auf einem Stein!). In Italien schlägt man junge Tiere 33 Mal ! Dann ist er zum Rohverzehr „gar".

3.
Bohnen putzen, in 3-4 cm lange Stücke schneiden und in Salzwasser garkochen. Schalotten längs in Streifen, Knoblauch in Scheiben schneiden. Radicchio putzen, ein paar Blätter zum Garnieren beiseite legen, den Rest in breite Streifen schneiden.

4.
In einem Eßlöffel Olivenöl Schalotten und Knoblauch ansautieren. Pulpo, Bohnen, Radicchio und gehackten Thymian dazugeben.
Restliches Olivenöl mit den Zutaten des Dressings verrühren, hinzufügen und kurz durchschwenken. Abschmecken und warm auf den Radicchioblättern anrichten.

LAUWARMER PULPOSALAT

mit grünen Bohnen und Radicchio

VITELLO „DIJONNATO“
mit Senfgemüsen
(Kalbbratenscheiben in Senfmayonnaise)

ZUTATEN FÜR 6 PERSONEN:
1 Kalbsnuß, ca. 1 kg,
Salz,
Pfeffer,
3 EL Olivenöl zum Anbraten

SAUCE:
2 Eigelb, 2 EL grobkörniger
Senf, je 100 ml Olivenöl
und Salatöl
(alternativ: 150 g Dijoncrème),
1 EL Kapern und -saft,
2 Sardellenfilets,
ausgetretener Bratensaft
zum Verdünnen

SENFGEMÜSE:
versch. Gemüse
200 g Zucchini,
300 g (geputzt 200 g) Broccoli,
100 g grüne Bohnen,
1 kleine rote Paprikaschote,
150 g Cocktailtomaten,

SUD:
1 Stück Ingwer,
750 ml Wasser
und 375 ml Weißweinessig,
350 g Zucker,
1 EL Kurkuma,
2 EL engl. Senfpulver
und je 2 TL Koriander-
und Kreuzkümmelsamen,
1 1/2 EL Speisestärke
zum Binden

ZUBEREITUNG:

1.
Backofen auf 100°C vorheizen (vorzugsweise Umluft). Gewürztes Kalbfleisch rundherum in Olivenöl anbraten und auf Alufolie auf dem Rost im Ofen 2 Stunden garen, Bratensaft auffangen. Fleisch herausnehmen und abkühlen lassen.

2.
Für die Sauce Eigelb und Senf in einer Küchenmaschine vermengen. Öl erst tropfenweise, dann in einem dünnen Strahl hineinlaufen lassen und zur Mayonnaise aufrühren. Kapern und Sardellen ebenfalls hineinmixen, mit Kapern- und Bratensaft verdünnen und abschmecken.

3.
Gemüse putzen: Zucchini in dicke Scheiben schneiden, Broccoli in kleine Röschen zerteilen, Bohnen in kurze Stücke und Paprika längs in breite Streifen schneiden.

4.
Zutaten für den Sud aufkochen und Gemüse nach Gardauer darin bißfest garen, mit einer Schaumkelle herausnehmen. Speisestärke mit etwas kaltem Wasser anrühren und Sud damit binden. Über die Gemüse geben und über Nacht ziehenlassen (man kann dieses Rezept auch in größeren Mengen herstellen, die Gemüse heiß in saubere Gläser füllen und darin einmachen). Kalbfleisch dünn aufschneiden, die Scheiben auf eine Platte legen, mit Senfsauce bedecken und ein paar Stunden oder mit den Gemüsen über Nacht durchziehen lassen.

ZUTATEN:
4 Matjes-Doppelfilets,
250 g saure Sahne
oder Crème fraîche,
3 EL mittelscharfer Senf,
1 EL Zucker,
Pfeffer,
Zitronensaft,
2 kleine Äpfel,
150 g Senfgurken,
1 mittelgroße rote Zwiebel,
12 runde Pumpernickelscheiben,
2 EL Butter zum Braten,
Salz,
Dill zum Garnieren

MATJESSALAT

in Senfschmand mit Apfel, Senfgurke und roter Zwiebel

ZUBEREITUNG:

1.
Matjes kurz mit kaltem Wasser abspülen und trockentupfen.

2.
Äpfel achteln, entkernen und zusammen mit den Senfgurken in Scheiben schneiden. Zwiebel pellen, halbieren und quer in halbe Ringe schneiden (will man die Sauce längere Zeit aufbewahren, empfiehlt es sich, die geschnittene Zwiebel in kochendem Wasser kurz zu überbrühen und dann in kaltem Wasser abzuschrecken).

3.
Alle Zutaten für die Sauce zusammenrühren und abschmecken, ein paar Stunden durchziehen lassen und zu den Matjesfilets servieren.

4.
Pumpernickel in einer Pfanne in Butter rösten und leicht salzen. Zusammen mit Matjes, Sauce und Dillzweigen anrichten.

ZUTATEN:
6 kleine säuerliche, herbe Äpfel
(z.B.: Cox Orange),
Saft einer halben Zitrone,
1/2 Bund Radieschen
Blattsalate zur Garnitur
(z.B.: Feldsalat)

APFELCARPACCIO
mit Senf-Kaperndressing

DRESSING:
je 2 EL grobkörniger Senf,
1 EL Honigsenf
(alternativ: Dijoncrème),
4 EL Apfelsaft oder Cidre,
1 EL Honig,
2 EL Kapern,
60 ml Traubenkernöl
(oder alternativ anderes Salatöl),
Salz,
Pfeffer

ZUBEREITUNG:

1.
Äpfel waschen, halbieren und entkernen.
Dünn aufschneiden, vier Teller damit auslegen und mit wenig Zitronensaft bestreichen.

2.
Beide Senfsorten mit 2 Eßlöffel Apfelsaft oder Cidre, Honig und 1 1/2 Eßlöffel Kapern mit einem Pürierstab mixen.

3.
Erst tropfenweise, dann in einem dünnen Strahl das Öl hinzugeben und wie eine Mayonnaise aufrühren.

4.
Restlichen Saft/Cidre dazugeben, abschmecken und auf Apfelscheiben anrichten.
Radieschen putzen, waschen und in feine Stifte schneiden, mit den restlichen Kapern über das Gericht streuen.
Mit Salatblättern garnieren.

ZUTATEN:
400 g Thunfischfilet,
2 TL mittelscharfer Senf
(alternativ: Schalottensenf),
Saft von zwei Limetten,
Salz,
2 EL zerstoßener,
gemischter Pfeffer,
1 1/2 EL Olivenöl zum Braten,
2 Bund grüner Spargel

DRESSING:
4 EL Limettensaft,
6 EL Olivenöl,
Messerspitze Zucker,
Salz,
Pfeffer

RELISH:
300 g Schalotten,
2 Zweige Estragon,
2 mittelgroße Orangen
(etwa 300 g, geputzt 200 g),
1/2 Zitrone,
125 g brauner Zucker,
Meersalz,
90 ml Weißweinessig,
1 Prise Zimt,
2 TL Senfmehl mit etwas
kaltem Wasser angerührt
Orangenzeste zum Garnieren

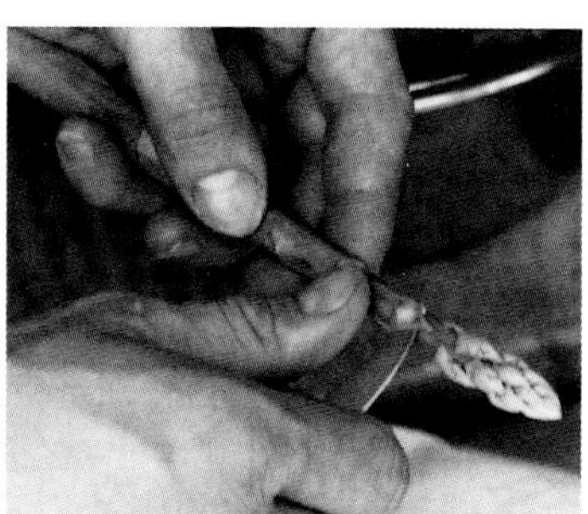

mit Orangensenf-Relish und grünem Spargelsalat

ZUBEREITUNG:

1.
Für das Relish Schalotten pellen und würfeln. Zitrusfrüchte mit einem Messer samt der weißen Haut „schälen" und ebenfalls würfeln. Zusammen mit den restlichen Zutaten 1 Stunde leise köcheln lassen, bis es eine sämige Konsistenz hat.

2.
Thunfischfleisch kalt abspülen, trockentupfen und fein würfeln. Mit Senf, etwas Limettensaft und Salz würzen und zu kleinen „Frikadellen" formen (dies geht besonders gut in einem Ausstechring einer entsprechenden Größe). Eine Seite in Pfeffer drücken, dann von beiden Seiten kurz in Olivenöl anbraten (das Thunfischtatar soll in der Mitte leicht warm, aber noch roh bleiben).

3.
Spargel putzen, die unteren Hälften der Stangen schälen und die Enden abschneiden. In kochendem Salzwasser 3-5 Minuten garen, kalt abschrecken und schräg in Stücke schneiden.

4.
Limettensaft mit Salz, Pfeffer und Zucker verrühren und tropfenweise das Öl unterschlagen, Spargel darin marinieren.

Das Relish lauwarm oder kalt zum Thunfisch und dem Spargelsalat servieren.

ANGEBRATENES THUNFISCHTATAR

DER SENF IN DER SUPPE

- Rote Linsensuppe
- Fenchelsuppe mit Meeresfrüchten
- Chowder mit Venusmuscheln
- Kartoffel-Spargelsuppe
- Sauerkrautsuppe
- Rauke-Senfsuppe
- Tomaten-Artischockensuppe
- Rote Burgundersuppe

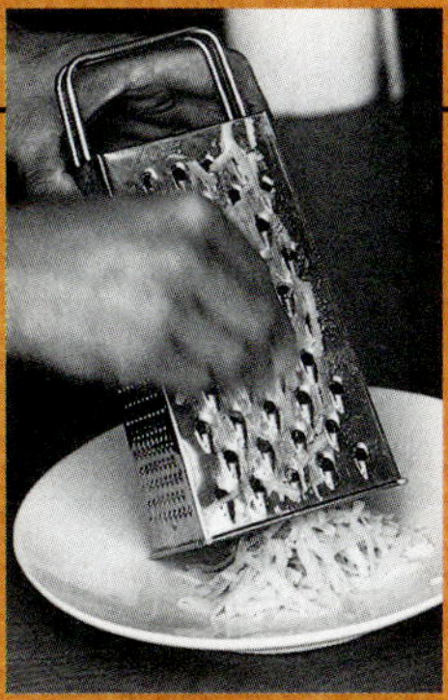

SUPPEN

ZUTATEN:
1 Suppenbund,
2 kleine Zwiebeln,
6 EL Olivenöl,
1 EL Tomatenmark,
150 g rote Linsen,
800 ml Gemüsebrühe,
4 EL Apfelessig,
1 TL geriebene Zitronenschale,
2 EL grobkörniger Senf,
1 EL Zucker,
1 EL kalte Butter, gewürfelt
300 g Spinat,
Salz,
Pfeffer
4 Merguez (Merguez ist eine würzige Lammbratwurst mit Knoblauch, **alternativ:** andere kräftig gewürzte Rostbratwurst),

ROTE LINSENSUPPE

mit Spinat und Merguez

ZUBEREITUNG:

1.

Suppengemüse putzen, Zwiebeln pellen, alles in feine Würfel schneiden und in 3 Eßlöffel Öl anschwitzen.

2.

Gewaschene Linsen und Tomatenmark hinzugeben, mitschwitzen und mit 2 Eßlöffel Essig ablöschen. Brühe auffüllen, Gemüse garkochen, dann 4 Eßlöffel Linsen als Einlage abnehmen und warmstellen.

3.

Zucker in einem Topf hellbraun karamelisieren und mit dem restlichen Essig ablöschen, mit dem Senf zur Suppe geben.

4.

Suppe pürieren, durch ein Sieb passieren, abschmecken und mit der kalten Butter aufmixen.

5.

Merguez in einem Eßlöffel Öl von beiden Seiten ca. 2 1/2 Minuten goldbraun braten, schräg in Scheiben schneiden. Spinat putzen, waschen und abtropfen lassen. Restliches Öl erhitzen, Spinat hineingeben und unter Rühren zusammenfallen lassen, leicht salzen.

Suppe mit Merguez, Spinat und Linsen anrichten.

FENCHELSUPPE

mit Meeresfrüchten und roter Knoblauch-Senfmayonnaise

ZUBEREITUNG:

1.
Backofen auf 250 °C vorheizen.Tomaten in reichlich kochendem Wasser ca. 5 Sekunden überbrühen und in kaltem Wasser abschrecken. Pellen, vierteln und entkernen. Tomaten kleinschneiden, Schale und Inneres aufbewahren.

2.
Fenchelgrün abschneiden und aufbewahren. Fenchelknollen halbieren, Strunk herausschneiden und Fenchel in Streifen schneiden, Strunk und Abschnitte aufbewahren.

3.
Fische kalt abspülen, trocken tupfen und filetieren. Fischfilets in ca. 3 cm große Stücke schneiden, Karkassen aufbewahren.

4.
Zwiebel kleinschneiden und in 2 Eßlöffel Olivenöl anschwitzen, Gräten, Tomaten- und Fenchelabschnitte hinzufügen und ebenfalls anschwitzen. Mit Wein ablöschen und mit Brühe auffüllen. Aufkochen, 15 Minuten ziehen lassen und durch ein feines Sieb passieren.

5.
Fenchelstreifen in 2 Eßlöffel Olivenöl anschwitzen, mit Sud auffüllen und 10 Minuten köcheln lassen. Tomaten- und Fischstücke, evtl. auch Muscheln , Safranfäden hinzufügen und 2-3 Minuten gar ziehen lassen.

6.
Für die Mayonnaise die ungeputzte Paprika im Ofen solange rösten (ca. 30 Minuten), bis die Haut sich zu lösen beginnt. Herausnehmen und etwas abkühlen lassen. Haut abziehen, Schote halbieren, Strunk und Kerngehäuse entfernen. Abgezogene Paprika klein schneiden.

7.
Das Eigelb mit Senf verrühren; unter ständigem Rühren das Öl erst tropfenweise, dann in einem dünnen Strahl hinzugeben und zur Mayonnaise aufrühren.

8.
Knoblauch pellen, Chilischote halbieren und entkernen. Beides kleinschneiden und mit den Paprikastücken in der Mayonnaise pürieren.

9.
Baguette im restlichen Olivenöl rösten, mit der Mayonnaise bestreichen und mit Reibekäse bestreuen. Suppe mit geschnittenem Fenchelgrün garnieren und die Baguettescheiben separat dazu servieren.

ZUTATEN:
2 kleine Fenchelknollen,
1 Zwiebel,
6 EL Olivenöl,
4 mittelgroße Tomaten,
200 ml Weißwein,
6 cl Pernod,
600 ml Fischfond,
verschiedene Mittelmeerfische wie Loup de mer, Seeteufel, Rouget barbet o.ä.,
evtl. auch Muscheln,
1 Tütchen Safranfäden,
Salz,
Pfeffer

MAYONNAISE:
1 Eigelb,
2 EL provenzalischer Senf,
je 50 ml Olivenöl und Salatöl,
1 kleine rote Paprikaschote,
1 Knoblauchzehe,
1 rote Chilischote,
8 Scheiben Baguette,
4 EL geriebener Käse (z.B. Greyerzer)

ZUTATEN:
2 kg Herzmuscheln
(möglichst sandfreie Qualität),
5 EL Olivenöl zum Anschwitzen,
200 ml Weißwein,
80 g Speck,
2 Zwiebeln,
350 g Kartoffeln,
200 g Maiskörner,
Salz,
Pfeffer,
2 Scheiben Toastbrot,
je 400 ml Fischfond und
Milch zum Angießen,
2 EL mittelscharfer Senf,
1 Bund Schnittlauch

ZUBEREITUNG:

1.
Muscheln sehr gut waschen, in einem breiten Topf in 4 Eßlöffel Olivenöl bei hoher Temperatur anschwitzen und mit Weißwein ablöschen. Topf mit einem Deckel schließen und 2–3 Minuten dämpfen, bis sich die Muscheln geöffnet haben.

2.
Auf einen Durchschlag geben, etwas abkühlen lassen und das Muschelfleisch aus den Schalen lösen.
Ein paar in der Schale zum Garnieren zurückbehalten.
Ofen auf 200°C vorheizen.

3.
Schalotten und Speck würfeln. Kartoffeln waschen, schälen und in 1 cm große Würfel schneiden, in Salzwasser knapp garkochen.

4.
Toastbrot entrinden und sehr fein würfeln.

5.
Speck und Schalotten in Olivenöl anschwitzen.
Mit Muschelfleisch, Kartoffelwürfeln, Mais und Toastbrot in einem ofenfesten Geschirr mischen.

6.
Fischfond und Milch mit Senf, Gewürzen und Schnittlauchröllchen verrühren, darübergießen und 15 Minuten im Ofen garen.

CHOWDER
mit Venusmuscheln, Kartoffeln und Mais

ZUTATEN:
200 g mehlig kochende Kartoffeln,
1 Bund (500 g) weißer Spargel,
je 1/2 TL Salz und Zucker,
etwas Zitronensaft,
2 Schalotten,
1 EL Butter,
125 ml Weißwein,
6 cl trockener Wermut,
3 TL Honigsenf,
1 EL kalte Butter, gewürfelt,

1 Bund Brunnenkresse,

3 Toastbrotscheiben,
40 g Butter zum Braten,
Salz

ZUBEREITUNG:

1.
Kartoffeln waschen, schälen, grob würfeln und in Salzwasser weich kochen. Abgießen und durch eine Presse drücken, Püree abdecken.

2.
Spargel schälen und Enden abschneiden. Schalen und Spargelenden mit 1 l Wasser aufkochen, 10 Minuten ziehen lassen und durch ein feines Sieb passieren. Salz, Zucker und etwas Zitronensaft zu dem Spargelsud geben und aufkochen.
Spargel hineingeben, ca. 18 Minuten köchelnd garen und mit einer Schaumkelle herausnehmen. Schräg in kurze Stücke schneiden und in etwas Spargelfond warmhalten.

3.
Schalotten fein würfeln, in Butter anschwitzen. Mit Wein ablöschen und komplett einkochen lassen. Mit Spargelfond auffüllen und 5 Minuten kochen lassen.

4.
Senf, Kartoffelbrei, Wermut und Butter hineingeben und mit Pürierstab aufmixen.

5.
Toastbrot entrinden und würfeln. In Butter unter gelegentlichem Rühren goldbraun braten, leicht salzen und auf ein Sieb geben.

6.
Brunnenkresse zupfen und mit Spargelstücken in die Suppe geben, Croûtons darüberstreuen.
Diese Suppe kann man auch gekühlt servieren.

(KALTE) KARTOFFEL-SPARGELSUPPE

mit Brunnenkresse

ZUTATEN:
1 Zwiebel,
2 EL Butter zum Andünsten,
1 Apfel,
200 g Sauerkraut,
200 ml Cidre (alternativ: Weißwein),
800 ml Kalbsfond,
1 Lorbeerblatt,
200 ml Sahne,
2 EL grobkörniger Senf,
2 TL Honig,
1 Knoblauchzehe,
1 EL kalte Butterwürfel,
Salz

SAUERKRAUTSUPPE

mit gebackenen Scampisäckchen

EINLAGE:
4 Lagen Frühlingsrollenteig (Fertigprodukt, z.B. beim Asiaten im Tiefkühlfach erhältlich),
1 Eigelb zum Bestreichen,
4 Scampi,
ein paar Schnittlauchhalme

ZUBEREITUNG:

1.
Zwiebel in Streifen schneiden. Apfel schälen, vierteln und entkernen, in Scheiben schneiden. Zwiebelstreifen in Butter anschwitzen, Apfelscheiben und Sauerkraut hinzugeben und ebenfalls anschwitzen. Mit 150 ml Cidre ablöschen, mit Brühe auffüllen und aufkochen. Lorbeerblatt in die Suppe geben. 50–60 Minuten köcheln lassen, bis das Sauerkraut gar ist.

2.
Inzwischen Backofen auf 180°C vorheizen.

3.
Für die Einlage Scampi schälen, den Darm entfernen, Fleisch fein würfeln und salzen. Den Frühlingsrollenteig zu Kreisen mit 15 cm Durchmesser ausschneiden, nebeneinander legen und jeweils mit Eigelb bestreichen. Auf jeden Kreis Scampiwürfel als Häufchen in die Mitte setzen und den Teig zu einem Säckchen hochziehen und zusammendrücken. Ca.10 Minuten im Ofen goldbraun backen, dann evtl. mit jeweils einem Schnittlauchhalm als Bändchen dekorieren.

4.
Lorbeer aus der Suppe entfernen und etwa 4 Eßlöffel Sauerkraut als Einlage abnehmen, warmstellen. Suppe pürieren, durch ein feines Sieb passieren und aufkochen.
Mit Senf, Honig, gepellter Knoblauchzehe, Butter und restlichem Cidre aufmixen, mit den Scampisäckchen und Sauerkraut servieren.

ZUTATEN
RAUKEBUTTER:
2 Bund Rauke (ca. 300 g),
ca. 500 ml Öl zum Fritieren,
50 g weiche Butter,
Salz

RAUKEPESTO:
1 Bund Rauke,
1/2 Tl Zucker,
50 ml Olivenöl,
1 kleine Knoblauchzehe,
1 EL geriebener Parmesan,
1 EL grobkörniger Senf,
Salz,
Pfeffer

SUPPE:
2 Schalotten,
1 EL Butter zum Anschwitzen,
100 ml Weißwein,
800 ml Geflügelbrühe,
1 1/2 TL Mehlbutter:
(1 TL Mehl und 1/2 TL weiche Butter verknetet)

EINLAGE:
8 Scheiben Räucherlachs,
1/2 Bund Schnittlauch,
1 TL Honigsenf

ZUBEREITUNG:

1.
Für die Raukebutter das Öl in einem kleinen, hohen Topf oder in der Friteuse auf ca. 175°C erhitzen. Rauke putzen, nicht waschen! In mehreren, kleinen Chargen jeweils 20–30 Sekunden im Öl fritieren und zum Abtropfen auf Küchenkrepp legen.

2.
Butter mit einem Teelöffel Salz in eine Küchenmaschine geben und die fritierte Rauke untermixen, Raukebutter kaltstellen (Raukebutter läßt sich auch in größeren Mengen herstellen, kann eingefroren und bei Bedarf in Suppen oder Sauce hineingemixt werden).

3.
Für das Raukepesto Rauke putzen, waschen und trockenschleudern, ein paar kleine Blätter zum Garnieren beiseite legen. Rauke in einem Eßlöffel Olivenöl kurz anschwitzen, Zucker hinzugeben, umrühren und auskühlen lassen. Mit restlichem Olivenöl, Senf, der gepellten Knoblauchzehe und Parmesan aufmixen, abschmecken.

4.
Für die Einlage die Hälfte der Lachsscheiben fein würfeln. Vom Schnittlauch 8 Halme beiseite legen, den Rest fein schneiden und mit Senf zu den Lachswürfeln geben. Mit Pfeffer abschmecken und das Lachstatar in die 4 ganzen Lachsscheiben einwickeln, mit jeweils 2 Schnittlauchhalmen über Kreuz zubinden.

5.
Schalotten klein schneiden und in Butter anschwitzen. Mit Wein ablöschen und mit Brühe auffüllen, aufkochen. Mehlbutter hinzugeben und 15 Minuten köcheln lassen. Raukebutter hinzufügen und mit dem Pürierstab aufmixen, abschmecken.

Die Suppe mit den Lachspaketen und den Raukeblättern servieren, das Pesto separat dazu reichen.

RAUKE-SENFSUPPE
mit Lachs

TOMATEN-ARTISCHOCKENSUPPE

mit gebratenen Lammfilets

ZUBEREITUNG:

1.

Backofen auf 200°C vorheizen.

Artischocken putzen: Stengel vom Blütenkopf abbrechen (über eine Tischkante), Boden herausschneiden, diesen von den äußeren Blättern und dem innenliegenden Heu befreien, in Segmente schneiden und in Zitronenwasser legen.

2.

Zwiebeln und Knoblauch pellen und kleinschneiden. Mit den Artischockenabschnitten (Blätter und in Scheiben geschnittene Stengel) in Olivenöl in einer Braisière im Backofen oder auf dem Herd anbraten. Tomatenmark zugeben, kurz mitrösten und mit Wein ablöschen. Mit Dosentomaten und Brühe auffüllen, aufkochen.

3. Chilischote halbieren und entkernen. Thymianblätter von den Stengeln zupfen. Stengel zusammen mit der Chilischote und Lorbeerblatt zur Suppe geben. 50 Minuten köcheln lassen, dann durch die flotte Lotte oder ein grobes Sieb passieren. Senf und gehackte Thymianblätter dazugeben, abschmecken und mit dem Olivenöl aufmixen.

4.

Für die Einlage gewürzte Lammfilets in 2 Eßlöffel Olivenöl rosa braten, warmstellen.

Artischockenböden mit restlichem Olivenöl in die Pfanne geben und bei mittlerer Temperatur unter gelegentlichem Rühren ebenfalls braten, salzen.

Lammfilets schräg in Scheiben schneiden und mit den Artischockenböden in der Suppe servieren.

ZUTATEN:
2-3 Artischocken
(je nach Größe),
Saft einer Zitrone,
100 ml Olivenöl zum Anbraten,
2 Zwiebeln,
2 Knoblauchzehen,
1 Chilischote,
2 EL Tomatenmark,
200 ml Weißwein,
1 Dose (850 ml)
geschälte Tomaten,
1 l Gemüsebrühe,
1 Lorbeerblatt,
1 Bund Thymian,
4 EL provenzalischer Senf,
Salz,
Pfeffer,
Zucker,
2 EL fruchtiges Olivenöl
zum Aufmixen

6 Lammfilets,
Salz, Pfeffer,
4 EL Olivenöl zum Braten

ROTE BURGUNDERSUPPE
mit Quarkklößchen

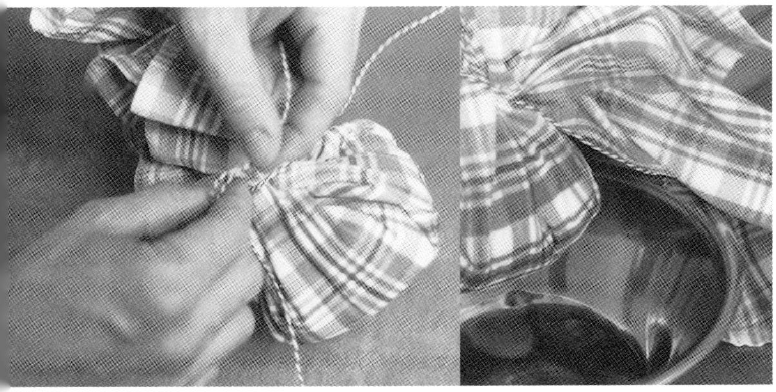

ZUTATEN:
1,5 l Rotwein (Burgunder),
6 große Schalotten,
1 l Geflügelfond,
2 EL Honigsenf
(oder süßer Senf),
4 EL geschlagene Sahne,
Salz,
Pfeffer

KLÖSSCHEN:
200 g Quark,
35 g weiche Butter,
3 Eigelb,
60 g Toastbrot,
2 EL verschiedene Kräuter,
feingeschnitten,
Salz,
Pfeffer
ein paar Kerbelblätter
zum Garnieren

ZUBEREITUNG:

1.
Für die Klößchen Quark in einem Küchentuch aufhängen und für ein paar Stunden abtropfen lassen.

2.
Rotwein in einem großflächigem Topf auf etwa 200 ml einkochen !!!

3.
Währendessen Schalotten in Scheiben schneiden, zusammen mit der Brühe auf zwei Drittel der Menge einkochen und pürieren. Reduzierten Wein dazugeben und durch ein feines Sieb passieren, mit Senf, Salz und Pfeffer abschmecken.

4.
Toastbrot entrinden, in die Küchenmaschine geben und fein mixen. Butter, dann nach und nach Eigelb und zuletzt 140 g von dem abgetropften Quark dazugeben. Kräuter untermengen und abschmecken.

5.
Etwas Klößchenmasse in die Handmitte nehmen, mit einem Teelöffel kleine Nocken abstechen und in kochendes Salzwasser abstreifen. Temperatur reduzieren und garziehen lassen. Sahne mit den Klößchen in Suppentassen verteilen, die heiße Suppe darauffüllen und mit Kerbel garnieren.

DER SENF MIT FISCH

- Kabeljaufilet
- Jacobsmuscheln
- Zitronen-Senfrisotto
- Lachs
- Hamburger P(f)annfisch
- Krosses Zanderfilet
- Seeteufelmedaillons
- Hummer
- Rotbarbenfilets
- Riesengarnelen

FISCH

ZUTATEN:
4 Kabeljaufilets à 200 g,
Salz

AROMATEN:
2 mittelgroße Möhren,
1 Stange mittelgroßer Lauch,
3 große Stangen Staudensellerie,
150 g Champignons,
Salz,
2 cl trockener Wermut,
Zitronensaft

SENFKRÄUTERBUTTER:
80 g weiche Butter,
2 EL grobkörniger Senf
(alternativ: je 1 EL Estragon- und grobkörniger Senf),
Salz,
4 EL gehackte Kräuter
wie Estragon, Kerbel,
Petersilie, Schnittlauch oder
andere nach eigener Wahl

ZUBEREITUNG:

1.
Backofen auf 200°C vorheizen.
Möhren schälen, die anderen Gemüse putzen und waschen. Alles sehr fein hobeln, mit Salz, Wermut und Zitronensaft marinieren.

2.
Fischfilets waschen, trocken tupfen und salzen. Für die Senf-Kräuterbutter die Butter schaumig schlagen, Senf und gehackte Kräuter hinzugeben und mit Salz abschmecken.

3.
16 quadratische Pergamentpapierbögen (ca. 25 x 25 cm) vorbereiten. Jeweils 2 Quadrate als Unterlage nehmen, in die Mitte etwas von den marinierten Gemüsen geben, darauf das Fischfilet und die Senf-Kräuterbutter setzen. Je 2 weitere Papierquadrate darüber legen und durch Zusammenfalzen der oberen und unteren Papierquadrate rund um das Gericht dieses komplett einschließen.

4.
Auf einem Backblech im Ofen 20 Minuten garen und im Pergament auf Tellern sofort servieren.
Je nach Wunsch passen zu diesem Gericht cremiges Kartoffelpüree, Risotto oder einfach nur italienisches Weißbrot (Ciabatta).

KABELJAUFILET AUF AROMATEN

mit Senf-Kräuterbutter

JACOBSMUSCHELN

auf gebratenen Kohlrabischeiben mit Senföl

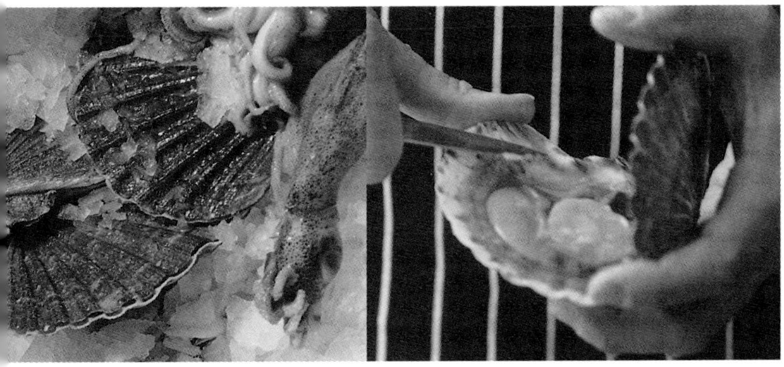

ZUTATEN:
600 g Jakobsmuschelfleisch
(vorzugsweise frisch oder
aus der Salzlake),
2 EL Olivenöl zum Braten,
etwas Zitronen- oder Limettensaft,
Salz,
Pfeffer,
2 große Kartoffeln,
ca. 500 ml Öl zum Fritieren
2 kleine Kohlrabi,
2 EL Butter zum Braten

SENFÖL:
4 EL Senfsamen,
100 ml Traubenkernöl
(oder ähnlich gutes Salatöl),
1 TL Dijonsenf,
1 TL Senfmehl mit
1 EL Wasser angerührt,
1 TL Kurkuma,
1 TL Salz,

2 Bund gehackte Brunnenkresse

ZUBEREITUNG:

1.
Zuerst das Senföl vorbereiten: Senfsamen ohne Öl in einer Pfanne rösten und in einem Mörser zerstoßen. Mit Öl, Senf, Senfmehl, Kurkuma und Salz verrühren und über mehrere Stunden oder länger ziehen lassen, dann vorsichtig abgießen.

2.
Jakobsmuscheln putzen, kurz kalt abspülen und auf Küchenkrepp sorgfältig trocken tupfen. In einer sehr heißen Pfanne in Olivenöl auf beiden Seiten 1 – 1 1/2 Minuten goldbraun braten, salzen, pfeffern und mit etwas Zitronen- oder Limettensaft beträufeln. Sollte Jakobsmuschelcorail mitverwendet werden, diesen erst kurz vor Garzeitende mit in die Pfanne geben und vorsichtig mitbraten.

3.
Kartoffeln waschen, schälen und längs je nach Größe vierteln oder sechsteln. Mit einem Sparschäler in dünne Streifen schälen und auf Küchenkrepp abtropfen lassen. Öl in einem kleinen, hohen Topf oder entsprechend in einer Friteuse auf ca. 175°C erhitzen und die Kartoffelspäne etwa 40 Sekunden knusprig goldbraun fritieren. Herausnehmen, leicht salzen und auf Küchenkrepp abtropfen lassen.

4.
Kohlrabi schälen und in dünne Scheiben schneiden. In einer möglichst großflächigen Pfanne (oder auch zwei Pfannen) Kohlrabischeiben in Butter jeweils 30 Sekunden auf beiden Seiten braten, leicht salzen und auf 4 vorgewärmten Tellern auslegen.

Die Kohlrabischeiben mit etwas grob geschnittener Brunnenkresse belegen, darauf Jakobsmuscheln und Kartoffelspäne setzen, darüber Senföl gießen.

ZUTATEN:
200 g Risottoreis (z.B. Arborio)
2 fein gewürfelte Schalotten,
1 gehackte Knoblauchzehe,
2 EL Olivenöl,
Saft und abgeriebene Schale
von 2 Zitronen,
700 ml Geflügelbrühe,
1 Lorbeerblatt,
1 EL mittelscharfer Senf,
30 g geriebener Parmesan
(nach Wunsch),
3 EL kalte Butter, gewürfelt
500 g frische Calamari,
2 EL Olivenöl zum Braten,
Salz,
Pfeffer,
Zitronensaft,
1 Bund Thymian

ZUBEREITUNG:

1.
Brühe zum Kochen bringen.
Schalotten und Knoblauch in Olivenöl anschwitzen, Reis dazugeben unter Rühren glasig werden lassen, man nennt diesen Vorgang beim Ansetzen eines Risottos „toasten". Mit Zitronensaft ablöschen und mit kochender Brühe auffüllen. Lorbeerblatt hinzufügen und unter gelegentlichem Rühren ca. 35 Minuten bei niedriger Temperatur köchelnd fertig garen.
Senf, geriebene Zitronenschale, Parmesan und Butter hineinrühren und abschmecken.

2.
Währendessen Calamari putzen: Kopf mit den Fangarmen und den Innereien, aus den Tuben (Mänteln) ziehen und das Kalkblatt herausziehen, ebenso die beiden Schwimmflossen und die rosafarbene Haut abziehen. Tuben zusammen mit den Köpfen kalt abspülen und in Ringe schneiden. Mit den Köpfen auf Küchenkrepp sorgfältig abtropfen lassen.

3.
Eine Pfanne sehr hoch erhitzen, Olivenöl hineingeben und die Calamari kurz unter Rühren anbraten, würzen und mit dem gehackten Thymian unter den Risotto heben.

ZITRONEN-SENFRISOTTO
mit gebratenen Calamari

zutaten:
4 Lachsfilets à 200 g,
2 EL Dijonsenf,
4 große mehlig kochende Kartoffeln,
3 EL Öl zum Braten

Champagnerkraut:
2 kleine Zwiebeln,
1 kleiner Apfel,
1 1/2 EL Butter zum Dünsten,
500 g Sauerkraut,
300 ml Fischfond,
10 zerdrückte Wacholderbeeren,
1 Lorbeerblatt,
500 ml Champagner
(oder trockener Sekt),
2 EL Honig,
200 ml Sahne,
1 1/2 TL Mehlbutter:
(1 TL Mehl und 1/2 TL weiche Butter verknetet.)
2 EL kernlose,
grüne Weintrauben

ZUBEREITUNG:

1.
Für das Rahmkraut Zwiebeln in Streifen schneiden. Apfel schälen, vierteln, entkernen und in Scheiben schneiden. Zwiebelstreifen in Butter anschwitzen, Sauerkraut und Apfelscheiben hinzugeben und mitdünsten. Mit Fischfond ablöschen, Wacholderbeeren und Lorbeer hineingeben, aufkochen und bei niedriger Temperatur unter gelegentlichem Rühren 50–60 Minuten garen.

2.
Nach der Hälfte der Garzeit 400 ml Champagner und den Honig hinzugeben. Fertiges Sauerkraut auf ein Sieb geben und Gewürze entfernen. Sud mit 100 ml Sahne und Mehlbutter 10 Minuten köcheln lassen.

3.
Restliche Sahne schlagen, kalt stellen.

4.
Währendessen Lachs kalt abspülen und trocken tupfen. Salzen, pfeffern und auf einer Seite mit Senf bestreichen. Kartoffeln schälen, grob raspeln und trocken ausdrücken. Salzen, dünn auf der mit Senf bestrichenen Lachsseite verteilen und andrücken.

5.
Die Fischstücke auf der Kartoffelseite 6–8 Minuten bei mittlerer Hitze goldbraun kross braten. Umdrehen und 2 Minuten fertig braten.
Sauce mit restlichem Champagner aufmixen. Sauerkraut und Weintrauben hineingeben, erhitzen und die geschlagene Sahne unterheben. Mit dem Lachs auf Tellern anrichten.

LACHS MIT KARTOFFELKRUSTE
auf Champagnerrahmkraut

ZUTATEN:
1 kg fest kochende Kartoffeln,
4-5 EL Öl zum Braten,
2 mittelgroße Zwiebeln,
1 EL Butter,
800 g Fischfilet
verschiedener Sorten
z.B. Lachs, Kabeljau, Rotbarsch,
Seeteufel, Zander oder auch Scampi,
Salz

SAUCE:
1 Zwiebel,
2 TL Butter,
200 ml Weißwein,
400 ml Fischfond,
2 TL Mehlbutter: (1 Teil Butter,
2 Teile Mehl verknetet),
200 ml Sahne,
je 1 EL mittelscharfer,
grobkörniger Senf und Dijonsenf,
3 EL gehackte Kräuter
wie Petersilie, Schnittlauch, Dill,
Pfeffer

HAMBURGER P(F)ANNFISCH

Alternative „Sauce“:
Man verrührt die im Rezept angegebenen Senfsorten mit 2 Eßlöffel flüssiger Butter und den Kräutern und schwenkt diese Mischung unter das fertige Kartoffel-Fischgericht!

ZUBEREITUNG:

1.
Kartoffeln waschen, in Salzwasser fast gar kochen und pellen, in Scheiben schneiden.

2.
Für die Sauce Zwiebel würfeln und in Butter anschwitzen.
Mit Weißwein ablöschen und auf die Hälfte einkochen lassen. Brühe auffüllen, aufkochen, Mehlbutter einrühren und 15 Minuten köcheln lassen. Sahne hinzufügen und nochmals 2 Minuten kochen. Senf einrühren und mit gehackten Kräutern, Salz und Pfeffer aufmixen.

3.
Zwiebeln für die Bratkartoffeln in Streifen schneiden, in einem Topf mit einem Eßlöffel Butter bei kleiner Hitze 6–8 Minuten weich schmoren.

4.
Kartoffelscheiben in 3 Eßlöffel Öl goldbraun braten. Zwiebeln hinzugeben und mit Salz und Pfeffer abschmecken

5.
Fischfilets kalt abspülen, trocken tupfen und in 3 cm große Würfel schneiden. Im restlichen Öl in einer Pfanne 2 Minuten knusprig braten, salzen. Fischwürfel mit etwas Sauce vorsichtig unter die Bratkartoffeln heben, auf vier Tellern verteilen und die restliche Sauce dazugeben.

TIP: Man kann das Gericht noch mit gedünsteten Gemüsestreifen (Möhre, Sellerie, Lauch) garnieren. Dazu paßt Gurkensalat.

ZUTATEN:
4 Zanderfilets à 200 g,
Salz,
1 EL Mehl,
2 kleine Eier,
8 Scheiben Toastbrot,
je 2 EL Öl und Butter
zum Braten,
1 Limette

REMOULADE:
1 Eigelb,
je 2 TL mittelscharfer und
grobkörniger Senf,
100 ml Salatöl,
8 Cornichons,
2 Sardellenfilets,
2 TL Kapern,
2 EL gehackte Kräuter
(Petersilie, Estragon, Kerbel),
Pfeffer

SALAT:
800 g Kartoffeln,
2-3 Stangen Staudensellerie,
6 getrocknete Tomaten,
2 Zwiebeln,
1 EL Sonnenblumenöl
zum Anschwitzen,
ca. 300 ml Gemüsebrühe,
4 EL Apfelessig,
1 EL mittelscharfer Senf

dazu Kartoffelsalat mit getrockneten Tomaten

ZUBEREITUNG:

1.
Für den Salat Kartoffeln waschen, in Salzwasser gar kochen und pellen. Kartoffeln und Staudensellerie in dünne Scheiben, Tomaten in Würfel schneiden, alles in eine Schüsssel geben.

2.
Zwiebeln fein würfeln und in Öl anschwitzen. Mit Brühe und Essig ablöschen, aufkochen und Senf unterrühren. Kochende Marinade über die Gemüse geben und durchziehen lassen. Ab und zu durchschwenken und mit Salz und Pfeffer abschmecken.

3.
Für die Remoulade Eigelb mit Senf vermengen. Unter ständigem Rühren Öl erst tropfenweise, dann in einem dünnen Strahl hineinlaufen lassen und zur Mayonnaise aufrühren. Cornichons, Sardellenfilets und Kapern fein hacken und mit den Kräutern unter die Mayonnaise rühren, abschmecken.

4.
Toastbrot entrinden und in der Küchenmaschine fein mahlen.

5.
Zander kalt abspülen, trocken tupfen und salzen. Dann in Mehl wenden und gut abklopfen. Eier verschlagen, mehlierte Fischfilets darin kurz eintauchen und überschüssiges Ei abstreifen. Zuletzt in Bröseln wälzen und in Öl anbraten. Nach dem Wenden die Butter hinzufügen und goldbraun fertig braten.

Mit Limettensechsteln, Remoulade und lauwarmem Kartoffelsalat servieren.

KROSSES ZANDERFILET

mit Senfremoulade

SEETEUFELMEDAILLONS

auf geschmolzenen Tomaten und Oliven

ZUTATEN:
8 Seeteufelmedaillons à 100 g,
Salz,
6 EL Olivenöl zum Braten,
6 große Strauchtomaten,
3 Schalotten,
1 Knoblauchzehe,
100 g schwarze, entkernte Oliven,
2 EL Estragonsenf,
(alternativ: 2 EL mittelscharfer Senf und 1 Bund feingeschnittener Estragon),
1 EL kalte Butter, gewürfelt,
Pfeffer

ZUBEREITUNG:

1.
Zuerst Tomaten in reichlich kochendem Wasser 5 Sekunden überbrühen, dann in kaltem Wasser abschrecken. Pellen, vierteln, entkernen und in grobe Stücke schneiden.

2.
Fisch abspülen, sehr sorgfältig auf Küchenkrepp abtropfen lassen. Eine Pfanne hoch erhitzen, 2 Eßlöffel Olivenöl hineingeben und die Medaillons auf beiden Seiten etwa 2–3 Minuten goldbraun braten, salzen.

3.
Schalotten und Knoblauch pellen, in Scheiben schneiden.
In dem restlichen Olivenöl anschwitzen, Tomatenstücke und Oliven hinzufügen und kurz schmoren lassen. Senf und Butter dazugeben und unterschwenken, nicht mehr kochen lassen. Abschmecken.
Dazu passen geröstete Kartoffeln und grüner Salat.

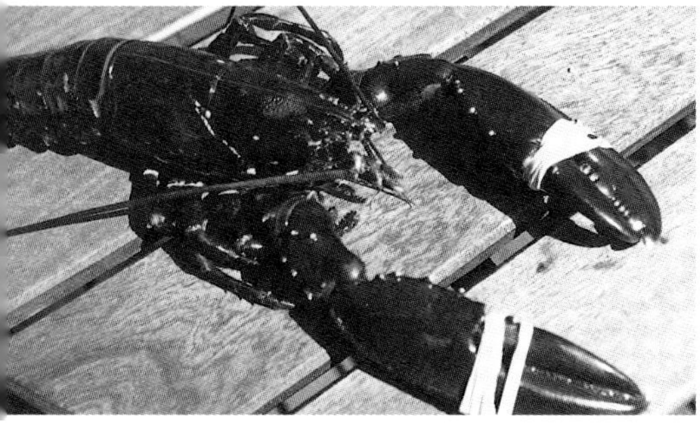

ZUTATEN:
2 Hummer,
1 Bund Suppengemüse,
2 Lorbeerblätter,
1 Zitrone,
Salz

SAUCE:
250 ml trockener Sekt,
50 ml Gemüsebrühe,
1 Schalotte,
1 TL zerstoßene Pfefferkörner,
3 Eigelb,
1 EL Dijonsenf

dazu Zuckerschoten und wilder Reis

ZUBEREITUNG:

1.

Suppengemüse putzen, klein schneiden und mit Lorbeer und halbierter Zitrone in einen sehr großen Topf mit gesalzenem Wasser geben, sprudelnd aufkochen lassen. Hummer nacheinander kopfüber in das kochende Wasser geben, wieder aufkochen und Hummer im Sud auskühlen lassen. Herausnehmen und zerlegen: Scheren mit einer drehenden Bewegung abtrennen. Mit einem großen Messer zwischen Kopf und Schwanz in die Naht des Körpers einstechen und Richtung Schwanz halbieren. Hummer umdrehen und den Kopf halbieren. Innereien unter dem Wasserhahn ausspülen und den Darm entfernen. Die beiden Untergelenke der Scheren werden längs angeschlagen, um das Gelenkfleisch herauszunehmen. Der bewegliche Teil der Schere wird mit einer drehenden Bewegung samt Knorpelblatt abgetrennt.
Die Scheren auf die obere Seite hochkant aufstellen und mit dem hinteren Teil der Klinge eines großen Messers kurz anschlagen; dabei die eindringende Klinge so verdrehen, daß die Schale aufspringt, das Scherenfleisch jedoch nicht verletzt wird. Vorsichtig das Scherenfleisch aus der Schale ziehen.

2.

Die 4 Hummerhälften in ofenfestes Geschirr legen. Das Gelenkfleisch in die Aushöhlungen im Kopfbereich plazieren, das Scherenfleisch darüber legen.

3.

Backofen auf Oberhitze vorheizen. Für den Sabayon Schalotte pellen und in Scheiben schneiden. Zusammen mit Sekt, Gemüsebrühe und Pfeffer auf die Hälfte einkochen, durch ein feines Sieb passieren.

4.

Gewürzreduktion mit Eigelb und Senf in einer Metallschüssel in einem heißen Wasserbad aufschlagen, bis die Spuren des Schneebesens sichtbar bleiben. Aus dem Wasserbad nehmen und einen Augenblick weiterschlagen.
Den Sabayon über die Hummer geben und im Backofen auf der mittleren Schiene 5 Minuten goldbraun überbacken. Den restlichen Sabayon separat servieren.

HUMMER
mit Senfsabayon gratiniert

ZUTATEN:
8 geschuppte Rotbarbenfilets,
etwas Butter zum Ausfetten

MARINADE:
je 250 ml Wasser und Weißwein,
50 ml milder Weißweinessig
(vorzugsweise Balsamico bianco),
2 TL Salz,
1 Lorbeerblatt,
je 1 TL zerstoßene Senf-
und Pfefferkörner

MARINIERTE ROTBARBENFILETS

in Honig-Senfsauce mit Bohnengemüsen

SAUCE:
je 80 g Öl und Butter,
2 EL mittelscharfer Senf,
4 EL kaltes Wasser,
2 EL Honig,
1 El Weißweinessig,
Pfeffer

GEMÜSE:
200 g Schneidebohnen,
150 g Brechbohnen,
1 kg frische Dicke Bohnen
(alternativ: 1 Pkt à 400 g
tiefgekühlte Dicke Bohnen),
Salz,
2 EL Butter zum Anschwitzen

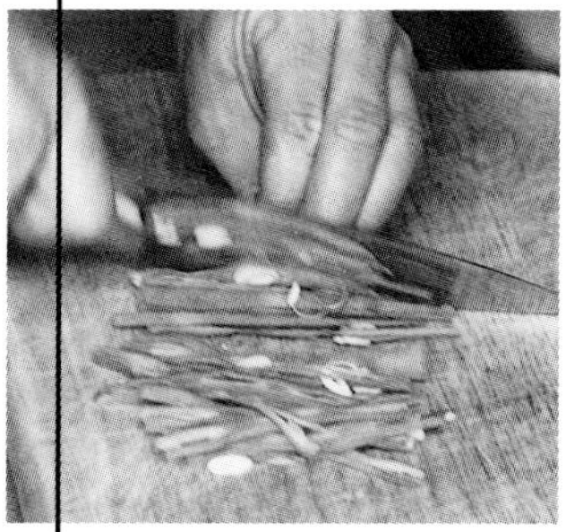

dazu Pellkartoffeln

Zubereitung:

1.
Rotbarbenfilets kalt abspülen, trocken tupfen und evtl. mit einer Pinzette restliche Seitengräten ziehen. Ein hohes Geschirr mit Butter ausfetten und die gesalzenen Fischfilets hineinsetzen.

2.
Zutaten für die Marinade aufkochen, 10 Minuten ziehen lassen und kochend heiß an den Fisch gießen.

3.
Die Enden der Schneide- und Brechbohnen abknipsen. Schneidebohnen der Länge nach dritteln und längs in feine Streifen schneiden, Brechbohnen in längere Stücke schneiden. Dicke Bohnen auspalen. In reichlich kochendem Salzwasser die Bohnen getrennt garen, herausnehmen und abtropfen lassen. Vor dem Servieren in Butter anschwitzen und abschmecken.

4.
Für die Sauce Butter und Öl aufkochen, Senf hineinrühren und nochmals aufkochen, bis der Senf gerinnt. Etwas abkühlen lassen, Wasser, Essig und Honig hinzugeben und mit dem Pürierstab aufmixen, abschmecken.

Fisch zusammen mit dem Bohnengemüse und der Sauce servieren.

RIESENGARNELEN
mit Senfkohl aus dem Wok

Zutaten:
12 Riesengarnelen à 80 g
(Seewasser-Qualität),
Salz,
3 EL Sojaöl zum Braten,
4 kleine Stauden Senfkohl
(Pak-choi, alternativ: Chinakohl),
1 große Mango

Senf-Chilipüree:
2 Chilischoten,
2 Knoblauchzehen,
1 Stück (ca. 3 cm) Ingwerwurzel,
3 EL Honigsenf,
40 ml helle Sojasauce,
Saft zweier Limetten,
2 EL Honig

Mango:
(vorzugsweise Nierenmango,
z.B. Springfels).
Die Sorte „Alphonso“
(Direktimport aus Indien)
ist zwar kleiner,
aber schmeckt viel besser

ZUBEREITUNG:

1.
Schalen der Garnelen bis auf das Schwanzsegment entfernen. Mit einem spitzen Messer die Rücken einritzen und den Darm herausnehmen. Kalt abspülen und auf Küchenkrepp abtropfen lassen.

2.
Strunk vom Senfkohl abschneiden, größere Blätter halbieren.

3.
Mango schälen, das Fruchtfleisch vom Kern abtrennen und in breite Streifen schneiden.

4.
Chilischoten halbieren und Kerne entfernen. Knoblauch pellen und Ingwer schälen. Alles zusammen mit Senf, Sojasauce, Limettensaft und Honig pürieren.

5.
Öl in einem Wok oder in einer Pfanne erhitzen, Garnelen hineingeben und unter ständigem Rühren anbraten. Nach 20 Sekunden Senfkohl dazugeben und ebenfalls anbraten. Nach einer weiteren Minute Mangostreifen und Chilipüree hinzufügen und durchschwenken, etwa 1 Minute ziehen lassen.

Dazu passen Duftreis oder fritierte Glasnudeln.

DER SENF MIT FLEISCH

- Kaninchenkeulen
- Poulardenbrust
- Lammrücken
- Kalbsnieren
- Kalbsinvoltini
- Ochsenschwanz
- Krustenbraten
- Hirschragout
- Perlhuhnbrust

FLEISCH

ZUTATEN:
2 rote Paprikaschoten,
4 große Kaninchenkeulen,
Salz,
Pfeffer,
3 EL Öl zum Anbraten,
2 mittelgroße Zwiebeln,
2 Knoblauchzehen,
1 EL Tomatenmark,
200 ml Roséwein,
800 ml Geflügelfond,
4 EL provenzalischer Senf,
1 Bund Oregano,
Salz,

6 große Kartoffeln,
Salz,
2 EL Olivenöl zum Anbraten,
1 EL Butter,
1 Bund Rosmarin

KANINCHENKEULEN

mit rotem Paprika in Senf geschmort

dazu gebratener Lauch und Rosmarinkartoffeln

ZUBEREITUNG:

1.

Backofen auf 250°C vorheizen. Paprikaschoten ungeputzt auf einem Backblech im Ofen solange rösten, bis die Haut sich zu lösen beginnt. Herausnehmen und etwas abkühlen lassen. Stiel und Kerne entfernen, die Haut abziehen und das Fruchtfleisch grob würfeln. Ofentemperatur auf 180°C reduzieren.

2.

Zwiebeln würfeln, Knoblauch in Scheiben schneiden. Oreganoblättchen von den Stielen zupfen, Stiele zusammenbinden.

3.

Kaninchenkeulen salzen und pfeffern, in einem Schmortopf von beiden Seiten anbraten und herausnehmen. Zwiebelwürfel und Knoblauch in den Topf geben und anbraten. Tomatenmark hinzugeben, kurz mitrösten, mit etwas Wein ablöschen und wieder einkochen. Diesen Vorgang 2–3 Mal wiederholen, bis der Wein aufgebraucht ist. Geflügelfond, Paprikastücke, 3 Eßlöffel Senf und Oreganostiele hineingeben und aufkochen. Kaninchenkeulen dazugeben und im Ofen ca. 75 Minuten weichschmoren.

4.

Kartoffeln gründlich waschen (nach Wunsch schälen), längs sechsteln oder achteln und in Salzwasser knapp gar kochen.

5.

Kaninchenkeulen aus dem Fond nehmen, zugedeckt warm stellen, Oreganostiele entfernen. Sauce mit dem restlichen Senf aufmixen, mit fein geschnittenem Oregano, Salz und Pfeffer abschmecken. Rosmarin zupfen und grob schneiden. Kartoffeln in Olivenöl goldbraun anbraten, Butter und Rosmarin hinzugeben und mit Salz abschmecken.

ZUTATEN:
2 Poulardendoppelbrüste
am Knochen oder
4 einzelne Brustfilets,
3 EL Öl zum Anbraten,
Salz,
Pfeffer,
3 TL Dijonsenf

KRUSTE:
60 g weiche Butter,
2 EL grober Senf,
80 g Toastbrotscheiben,
2 EL Sesam,
1 EL Honig,
Salz,
Pfeffer

GEMÜSE:
1 kg Erbsenschoten
(oder 450 g tiefgekühlte Erbsen),
2 Schalotten,
60 g Schinkenspeck,
1 EL Butter zum Anschwitzen,
2 TL Mehl,
50 ml Weißwein,
Salz,
Zucker,
100 ml Sahne,
1/2 Bund glatte Petersilie

dazu Kartoffelpüree

ZUBEREITUNG:

1.
Backofen auf 200°C vorheizen. Haut der Poulardenbrüste entfernen, Fleisch kalt abspülen, trocken tupfen, salzen und pfeffern. In einer Pfanne bei mittlerer Hitze in Öl von allen Seiten anbraten, etwas abkühlen lassen und mit Dijonsenf bestreichen.

2.
Für die Kruste Toast entrinden und in der Küchenmaschine fein zerkleinern. Butter, Senf, Sesam und Honig unterrühren, abschmecken. Krustenmasse auf die obere Seite der Poulardenbrüste verteilen und gut andrücken. Fleisch auf Alufolie in den Ofen legen und 15 Minuten auf der mittleren Schiene fertig garen. Eventuell kurz vor dem Servieren die Kruste unter dem Grill nachbräunen.

3.
Erbsen auspalen. Schalotten zusammen mit dem Speck fein würfeln. Speck und Schalotten in Butter anschwitzen, Erbsen hinzugeben und unter Rühren Mehl darüber stäuben. Mit Wein ablöschen und 1 Minute unter gelegentlichem Rühren kochen. Sahne schlagen, unterheben und mit fein geschnittener Petersilie vollenden.

Poulardenbrüste auf den Rahmerbsen anrichten.

POULARDENBRUST AUS DEM OFEN

mit Sesam-Senfkruste auf Rahmerbsen

ZUTATEN:
4 Lammlachse
(Lendenstücke) à 180 g,
2 EL Olivenöl zum Anbraten,
Salz

MARINADE:
200 ml Rotweinessig,
je 2 EL Senfsamen und
grobkörniger Senf,
1 TL schwarze Pfefferkörner,
2 Bund Dill,

SAUCE:
2 Schalotten,
1 Knoblauchzehe,
25 g Butter, 30 g Mehl,
400 ml Lammbrühe,
100 ml Sahne,
je 1 EL grobkörniger
und Dijonsenf

MARINIERTER LAMMRÜCKEN

mit Gurkengemüse und roten Beten

POCHIERFOND:
500 ml Lammbrühe,
1 Bund Suppengemüse,
1 Lorbeerblatt,
Salz

BEILAGEN:
4 mittelgroße Rote Bete,
1 Salatgurke,
3 EL Butter zum Anschwitzen,
Salz,
Zucker

ALTERNATIVE SAUCE:
marinierte Lammlachse nach dem Trockentupfen in 2 Eßlöffel Olivenöl auf beiden Seiten anbraten, Temperatur reduzieren und jeweils ca. 3 Minuten auf jeder Seite fertig braten. Herausnehmen und warm halten. 2 gewürfelte Schalotten und eine gehackte Knoblauchzehe in die Pfanne geben, leicht anrösten, mit 200 ml Rotwein ablöschen und mit 300 ml Lammfond (alternativ: Bratenfond) auffüllen. Einkochen lassen und mit einem Eßlöffel kalten Butterwürfeln, die mit einem Saucenschneebesen hineingerührt werden, binden.

ZUBEREITUNG:

1.
Senfsamen und Pfeffer im Mörser zerstoßen, mit Senf und geschnittenem Dill mischen. Ein sauberes Handtuch mit dem Essig tränken und die Hälfte der Gewürzmischung darauf geben. Lammlachse darüber legen, mit den restlichen Gewürzen bedecken und im Handtuch einwickeln – ca. 2 Stunden im Kühlschrank marinieren.

2.
Schalotten pellen und würfeln. Knoblauch pellen und hacken, zusammen in Butter anschwitzen. Mit Mehl bestäuben und mit 400 ml Brühe auffüllen. Unter Rühren aufkochen, 20 Minuten leise köcheln lassen. Sahne und Senfsorten hinzufügen, aufmixen und abschmecken.

3.
Ungeschälte Rote Bete in Salzwasser gar kochen, herausnehmen und etwas abkühlen lassen. Pellen und in Spalten schneiden. Gurke schälen, längs halbieren, entkernen und in 1 cm breite Stücke schneiden. Rote Bete und Gurken getrennt in jeweils 1 1/2 Eßlöffel Butter anschwitzen, mit Salz und Zucker abschmecken.

4.
Suppengemüse putzen und klein schneiden, mit Lorbeer und restlicher Brühe aufkochen und 5 Minuten köcheln lassen.

5.
Währendessen Lammlachse auspacken, von Gewürzen befreien und trocken tupfen. Salzen und in Olivenöl auf beiden Seiten kurz anbraten, in den kochenden Lammfond legen und bei kleiner Temperatur ca. 12–15 Minuten gar ziehen lassen, nicht mehr kochen.
Das Fleisch muß bei Druck noch leicht nachgeben, dann herausnehmen und mit der Sauce und den Gemüsen servieren.

KALBSNIEREN IN KERBELSENFSAUCE

mit weißem Bohnenmus

ZUTATEN:
750g geputzte Kalbsnieren,
2 EL Öl zum Braten,
Salz,
Pfeffer

SAUCE:
1 Zwiebel,
1 EL Butter,
100 ml Cidre,
400 ml Bratenfond
bzw. Kalbsbrühe,
1 EL Speisestärke in
2 EL Cidre angerührt,
2 EL Dijonsenf,
1 Bund Kerbel,
1 TL kalte Butter gewürfelt,
Salz,
Pfeffer

MUS:
200 g weiße Bohnenkerne
(über Nacht in 1l kaltem
Wasser eingeweicht),
1 Zwiebel,
2 Knoblauchzehen,
1 kleines Stück Knollensellerie,
1 EL Olivenöl,
1 Lorbeerblatt,
3 EL Olivenöl extra vergine
Salz,
Pfeffer

ZUBEREITUNG:

1.

Für die Bohnen Zwiebel und Knoblauch zusammen mit dem Sellerie würfeln. In Olivenöl anschwitzen, Bohnen samt Einweichwasser und Lorbeerblatt dazugeben. Ca. 2 Stunden bei kleiner Flamme mit geschlossenem Deckel gar köcheln, bis die Bohnen weich sind.

2.

2 Eßlöffel Olivenöl hinzugeben und mit dem Pürierstab oder der Küchenmaschine zu einem cremigen Mus aufmixen, abschmecken. Zum Servieren mit dem restlichen Olivenöl beträufeln.
Für die Sauce Zwiebel pellen und fein würfeln.

3.

Nieren bei mittlerer Temperatur in Öl anbraten, mit Salz und Pfeffer würzen und herausnehmen. gewürfelte Zwiebel und Butter in die Pfanne geben, kurz anbräunen, mit Cidre ablöschen und mit Brühe auffüllen. Auf die Hälfte einkochen lassen, mit angerührter Speisestärke binden, Senf und gehackten Kerbel hinzugeben, abschmecken.
Butterwürfel hineinrühren, Nieren hineingeben und durchschwenken, nicht mehr kochen lassen. Zusammen mit dem Bohnenmus servieren.

ZUTATEN:
4 große, dünne
Kalbsschnitzel aus der Keule
geschnitten à 180 g,
Salz,
Pfeffer,
2 EL Dijonsenf,
6 Schalotten,
3 EL Butter zum Anschwitzen
(alternativ: 3 EL Schalottensenf,
400 g Wurzelspinat,
8 dünne Scheiben Pancetta
(alternativ: milder
durchwachsener Speck,
5 EL Olivenöl zum Anschwitzen
und zum Anbraten

STEINPILZE:
500 g Steinpilze,
etwas Zitronensaft,
300 ml Sahne,
Salz

dazu gerührte Polenta

ZUBEREITUNG:
1.
Backofen auf 140°C vorheizen. Schalotten pellen, würfeln und zwei Drittel der Menge in 1 Eßlöffel Butter anschwitzen, abkühlen lassen.
2.
Spinat putzen, waschen und abtropfen lassen. 3 Eßlöffel Olivenöl in einer Pfanne erhitzen und darin portionsweise den tropfnassen Spinat bei geschlossenem Deckel zusammenfallen lassen. Salzen und auf Küchenkrepp abtropfen lassen.
4.
Schnitzel zwischen Plastikfolien leicht plattieren, ohne daß die Scheiben zerreißen. Salzen, pfeffern und mit Senf und Schalottenwürfeln bestreichen. Spinat darauf verteilen, Fleisch stramm zusammenrollen und mit jeweils zwei Speckscheiben umwickeln, mit Zahnstochern befestigen.
5.
2 Eßlöffel Olivenöl in einer Pfanne erhitzen und die Involtini rundherum anbraten, dann für 25 Minuten in den Backofen geben.
Inzwischen die Steinpilze putzen, halbieren oder vierteln. In der restlichen Butter anbraten, mit Zitronensaft beträufeln und herausnehmen. Restliche Schalottenwürfel hineingeben, kurz anschwitzen, mit Sahne ablöschen und auf Saucenkonsistenz einkochen lassen.
Steinpilze wieder dazugeben und abschmecken. Involtini aufschneiden und auf den Steinpilzen anrichten.

KALBSINVOLTINI

mit Spinat auf Steinpilzen in Rahm

GEMÜSE:
2 Köpfe Spitzkohl,
Salz,
1 Zwiebel,
200 ml Sahne,
Salz,
Muskat

OCHSENSCHWANZ
mit Senf-Brezelfüllung auf Spitzkohl

ZUTATEN:
2 Ochsenschwänze, in
einzelne Segmente zerteilt
(vom Metzger vorbereiten lassen),
Salz, Pfeffer,
5 EL Öl zum Anbraten,
3 Zwiebeln,
2 Knoblauchzehen,
1 EL Tomatenmark,
300 ml Rotwein,
1,5 l Bratenfond bzw. Kalbsbrühe,
1 Lorbeerblatt,
1 kleines Kräuterbündel
(Thymian, Rosmarin o.a.),
1-2 EL mit etwas Rotwein
angerührte Speisestärke

FÜLLUNG:
ca. 4 Schweinenetze
(beim Metzger vorbestellen),
1 kleine Zwiebel,
1 EL Butter zum Anschwitzen,
120 g Laugenbrezel,
fein gewürfelt,
200 ml Milch
(oder je 100 ml Sahne und Milch),
1 Eigelb,
1 EL grobkörniger Senf,
je 1/3 Bund Schnittlauch
und Petersilie,
Salz,
Pfeffer

ZUBEREITUNG:

1.
Zwiebeln für den Ochsenschwanz grob würfeln, Knoblauch vierteln. Fleisch salzen und pfeffern, in einem Schmortopf in 3 Eßlöffel Öl rundherum anbraten und herausnehmen. Zwiebeln und Knoblauch in den Topf geben und anbraten. Tomatenmark hinzugeben, kurz mitrösten, mit etwas Wein ablöschen und wieder einkochen lassen. Diesen Vorgang 2–3 Mal wiederholen, bis der Wein aufgebraucht ist. Brühe und Gewürze hineingeben und aufkochen. Ochsenschwanz einlegen und zugedeckt ca. 2 1/2 Stunden köchelnd weich schmoren. Fleisch aus dem Fond nehmen und etwas abkühlen lassen. Sud passieren und 400 ml davon für die Sauce abnehmen. Diese etwas einkochen lassen und mit der angerührten Speisestärke binden.

2.
Das Fleisch von den Knochen befreien, dabei darauf achten, daß die Stücke möglichst groß sind. Schweinenetz in reichlich kaltes Wasser legen, Wasser ab und zu wechseln. Für die Füllung die kleine Zwiebel fein würfeln, die Hälfte davon in 1 Teelöffel Butter kurz anschwitzen und mit den Brezelwürfeln mischen. Milch aufkochen und über die Mischung geben, durchziehen lassen. Eigelb und Senf hinzugeben, ebenso Gewürze und Kräuter, Füllung abschmecken.

3.
Backofen auf 175 °C vorheizen. Für das Füllen benötigt man zwei Ausstechringe im Durchmesser von 5 bzw. 12 cm oder etwas Ähnliches. Ein Stück Schweinenetz in den großen Ring legen, darauf in die Mitte den kleinen Ring. Die Brezelmasse in den kleinen Ring, das Ochsenfleisch drum herum plazieren. Kleinen Ring wieder herausziehen, nochmals Füllung und Fleisch fest in den großen Ring drücken, diesen entfernen und alles mit dem überlappenden Schweinenetz umschließen. Genauso mit den restlichen drei Stücken verfahren.

4.
Gefüllte Fleischstücke im restlichen Olivenöl von beiden Seiten vorsichtig anbraten, den Schmorfond angießen, aufkochen und für 25 Minuten im Ofen fertig garen, dabei ab und zu mit dem Fond übergießen.

5.
Vom Spitzkohl die äußeren Blätter entfernen, vierteln und in breite Streifen schneiden. In reichlich kochendem Salzwasser überbrühen, herausnehmen und abtropfen lassen. Sahne schlagen. Restliche Zwiebelwürfel in der verbliebenen Butter anschwitzen. Kohl dazugeben, gar dünsten, Sahne unterheben und abschmecken.
Ochsenschwanzstücke auf dem Rahmkohl anrichten und mit der Sauce übergießen.

KRUSTENBRATEN VOM JUNGSCHWEINERÜCKEN

mit Senf-Biersauce

ZUTATEN:

1 Stk (ca. 1,2 kg) Jungschweinerücken mit eingeritzter Schwarte (vom Metzger vorbereitet),
Salz, Pfeffer,
4 EL Öl zum Anbraten

SAUCE:
2 mittelgroße Zwiebeln,
1 Bund Suppengemüse,
2 Knoblauchzehen,
1 EL Tomatenmark,
2 Fl (à 0,33 l) Dunkelbier,
500 ml Kalbsjus bzw. Bratenfond,
3 EL Honigsenf
(oder süßer Senf),
1 EL Speisestärke

GEMÜSE:
12 kleine, ovale Kartoffeln,
12 frische Lorbeerblätter,
Meersalz,
je 2 mittelgroße Zucchini
grün und gelb (oder nur grüne),
2 EL Olivenöl,
Salz, Pfeffer

dazu Zucchinigemüse und Lorbeerkartoffeln

ZUBEREITUNG:

1.
Backofen auf 180°C vorheizen. Zwiebeln und Knoblauch pellen, das Suppengemüse putzen, alles grob schneiden.

2.
Schweinerücken kräftig mit Salz und Pfeffer würzen, in Olivenöl auf der Schwartenseite bei mittlerer Temperatur 5-7 Minuten goldbraun anbraten. Dann die restlichen Seiten anbraten und aus der Pfanne nehmen. Zwiebeln, Gemüse und Knoblauch hineingeben und ebenfalls anbraten. Tomatenmark hinzufügen, kurz mitrösten, alles mit etwas Bratenfond ablöschen und wieder einkochen. Diesen Vorgang 2–3 Mal wiederholen, dann restlichen Bratenfond, Bier und Senf hinzugeben, aufkochen und in einen Bräter geben. Schweinerücken auf die Gemüse setzen und im Backofen ca.50–60 Minuten rosa garen.

3.
Kartoffeln gründlich mit einer Gemüsebürste säubern, einschneiden und in jede Kartoffel ein Lorbeerblatt stecken. In einem ofenfesten Geschirr zum Schweinerücken in den Ofen stellen und je nach Größe ca. 35 Minuten mitgaren. Zum Servieren mit grobem Salz bestreuen.
Zucchini waschen und in Scheiben schneiden. Vor dem Servieren Zucchini kurz in heißem Olivenöl anbraten und abschmecken.

4.
Den fertigen Braten aus dem Bräter nehmen, warmstellen. Backofen auf Oberhitze stellen.

5.
Die Sauce durch ein feines Sieb passieren, aufkochen und mit angerührter Stärke binden, abschmecken.
Den Schweinerücken vor dem Servieren im Ofen kurz kross braten.

ZUTATEN:
1kg Hirschfleisch aus der Schulter oder Beinfleisch

BEIZE:
2 Zwiebeln,
2 Knoblauchzehen,
1 Bund Suppengemüse,
2 EL grobkörniger Senf,
2 EL grüner eingelegter Pfeffer
(alternativ: 3 EL Senf „au poivre vert“),
2 EL brauner Zucker,
1 Lorbeerblatt,
800 ml Rotwein

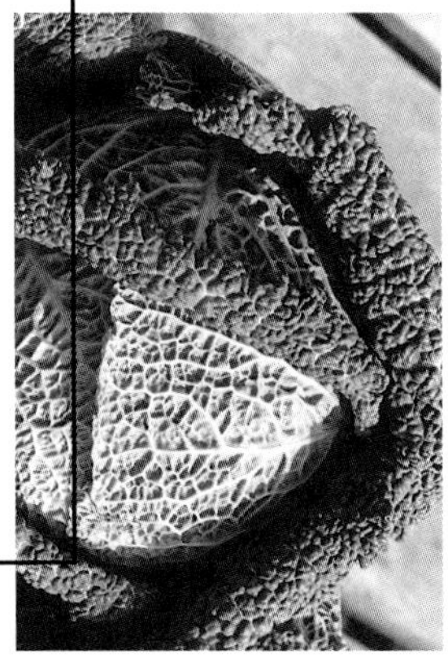

SAUCE:
4 EL Öl zum Anbraten,
1 EL Tomatenmark,
1 1/2 EL Mehl,
250 ml Wildbrühe oder Bratenfond,
2 cl Wacholderschnaps bzw. Gin

WIRSING:
1 Wirsingkopf,
2 Möhren,
1 Zwiebel,
2 EL Butter,
2 TL Dijonsenf,
1 Bund Schnittlauch,
Salz,
Pfeffer,
100 ml Gemüsebrühe

ZUBEREITUNG:

1.
Fleisch in 4 cm große Würfel schneiden. Zwiebeln und Knoblauch pellen,Suppengemüse putzen, alles grob schneiden. Mit den restlichen Zutaten der Beize vermengen und die Fleischwürfel über Nacht marinieren.

2.
Fleisch abgießen (Flüssigkeit auffangen), sehr gut trocken tupfen und in Öl rundherum anbraten. Gemüse hinzufügen und mitbraten, dann Tomatenmark dazugeben, ebenfalls mitrösten. Mit etwas Wein der Beize ablöschen, wieder einkochen. Diesen Vorgang 2–3 mal wiederholen, bis die Sauce eine braun-glänzende Farbe hat. Unter Rühren Mehl darüber stäuben, restlichen Wein und Brühe angießen, aufkochen. Im geschlossenen Topf im Ofen ca. 1 1/2 Stunden garen.

3.
Wirsing putzen, 4 schöne, große Blätter abnehmen und den Rest in feine Streifen schneiden. Die großen Blätter in reichlich kochendem Salzwasser gar kochen, in kaltem Wasser abschrecken und zwischen Küchenkrepp trocknen.

4.
Möhren schälen und grob raspeln. Zwiebel pellen und in Streifen schneiden. In einem Eßlöffel Butter die Zwiebel- und Wirsingstreifen mit den Möhren gardünsten und mit Dijonsenf, Schnittlauchröllchen und Salz abschmecken. Aus Wirsingblättern und Füllung mit Hilfe eines Handtuches in einer Suppenkelle Bällchen formen. Vor dem Servieren mit restlicher Butter und Gemüsebrühe in einem flachen Topf mit Deckel erhitzen.

5.
Backofen auf 180°C vorheizen. Kartoffeln waschen, schälen und in dünne Scheiben schneiden. Ca. 30 Sekunden in 160°C heißem Öl ohne Farbe zu nehmen vorgaren, auf Küchenkrepp abtropfen lassen und salzen. In leicht gebutterten Timbaleförmchen die Scheiben hochkant von außen nach innen, schneckenförmig zur Rose formen und im Ofen bei 180°C 12 Minuten garbacken. Danach stürzen und als Rose anrichten.

Fleischstücke mittels einer Fleischgabel aus der Sauce heben, Sauce passieren, mit Gin abschmecken und mit dem Fleisch servieren.

PFEFFER-HIRSCHRAGOUT

mit Wirsingbällchen und Kartoffelrosen

KARTOFFELROSEN:
8 mittelgroße Kartoffeln,
ca. 500 ml Öl zum Fritieren,
Salz

ZUTATEN:
4 Perlhuhnbrüste,
Salz,
Pfeffer,
2 EL Öl zum Braten

SAUCE:
300 g mehlig kochende Kartoffeln,
1 mittelgroße Zwiebel,
1/2 Bund Suppengemüse,
2 EL Butter,
400 ml Geflügelfond,
2 EL mittelscharfer Senf,
1/2 Bund Majoran,
Salz,
Pfeffer,
50 ml Sahne

GEMÜSE:
4 große Chicorée,
2 EL Olivenöl zum Anbraten,
1 EL Zucker,
Salz,
Pfeffer,
100 ml Gemüsebrühe

ZUBEREITUNG:

1.
Backofen auf 180°C vorheizen. Kartoffeln waschen, schälen und grob schneiden. In etwas gesalzenem Wasser weich kochen, durch eine Presse drücken und abgedeckt beiseite stellen.

2.
Chicorée halbieren und Strunk so entfernen, daß die Blätter noch zusammenhalten. In Olivenöl von beiden Seiten anbraten, Zucker darüberstreuen und karamelisieren lassen. Salzen, pfeffern, die Brühe angießen und im Ofen ca. 20 Minuten weich schmoren. Chicorée herausnehmen und warm halten. Sud dickflüssig einkochen und über das Gemüse gießen.

3.
Für die Sauce Zwiebel und Suppengemüse fein würfeln und in Butter anschwitzen. Geflügelbrühe hinzugeben und 10 Minuten kochen lassen. Senf, Kartoffelmasse und fein geschnittenen Majoran einrühren und abschmecken. Sahne schlagen und unterheben. Fleisch kalt abspülen, tockentupfen und würzen. In Öl in der Pfanne anbraten und im Ofen 10–12 Minuten fertigbraten.

Aufgeschnittenes Fleisch auf der Sauce anrichten, Chicorée dazulegen und mit Majoranblättern garnieren.

PERLHUHNBRUST AUF SENFKARTOFFELSCHAUM

mit karamelisiertem Chicorée

VEGETARISCH MIT SENF

- Rohkost-Frühlingsrollen
- Mung-Dal mit Baghar
- Crespelle
- Gemüse im Cidreteig
- Pochierte Eier
- Senf-Tagliatelle
- Grüne Gemüse
- Kartoffel-Lasagne

VEGE

TARISCH

ROHKOST-FRÜHLINGSROLLEN

mit zwei Senfdips

ZUTATEN:
12 runde Reispapierblätter

GEMÜSE:
1 Salatgurke,
2 Möhren,
1 große Rote Bete,
4 Stangen Staudensellerie,
1 Staude Chicorée,
125 g Enoki-Pilze
(nach Wunsch auch Paprika,
Sojasprossen, Brunnenkresse o.a.),
12 Minzblätter

DIP 1:
250 g fester Sahnejoghurt
(z.B.: griechischer
oder bulgarischer),
2 EL provenzalischer Senf,
1 kleines Stück
frischer Ingwer (ca. 5 cm),
1 rote Chilischote,
1 EL brauner Zucker,
Salz,

DIP 2:
250 g Sahnequark,
2 EL mittelscharfer Senf,
2 Limetten,
1 EL brauner Zucker,
Salz

ZUBEREITUNG:

1.
Reisblätter in warmes Wasser tauchen, auf ein feuchtes Küchentuch legen und zur Hälfte umklappen.

2.
Salatgurke, Möhren und Rote Bete schälen und zusammen mit Staudensellerie und Chicorée in feine, lange Streifen schneiden. Zusammen mit den Pilzen, der Kresse, den Sprossen und jeweils einem Minzblatt in die Reisblätter tütenartig einrollen.

3.
Für den ersten Dip Ingwer schälen und fein reiben. Chilischote halbieren, entkernen und fein hacken. Alles mit den restlichen Zutaten verrühren und abschmecken.

4.
Für den zweiten Dip Limettenschale fein abreiben und den Saft auspressen. Zusammen mit den restlichen Zutaten verrühren und abschmecken.

MUNG-DAL MIT BAGHAR

Linsentopf mit Koriander-Senföl

ZUTATEN

DAL:

250 g grüne Mungobohnen (enthülst und halbiert),
2 Zwiebeln,
2 Knoblauchzehen,
2 grüne Pfefferschoten,
50 g Butter,
2 TL schwarze Senfkörner (im Reformhaus oder in der Gewürzhandlung erhältlich),
je 1 TL Kurkuma und Kreuzkümmel,
1 l Gemüsebrühe,
1 Dose Kokosmilch,
1 TL grobkörniger Senf,
1 1/2 TL Salz,

BAGHAR:

4 EL Senföl (ebenfalls im Reformhaus erhältlich),
4 TL Kreuzkümmelsamen,
3 Bund Koriander

dazu gewürztes Naan-Brot oder Fladenbrot

ZUBEREITUNG:

1.
Mungobohnen in einem grossen Sieb unter kaltem Wasser waschen, bis das ablaufende Wasser klar bleibt. Zwiebeln pellen und fein würfeln, die Hälfte für das Baghar beiseite stellen.

2.
Knoblauch pellen und hacken, Pfefferschoten halbieren, entkernen und hacken.

3.
Senfkörner in der Butter erhitzen, bis sie zu platzen beginnen. Die Hälfte der Zwiebelwürfel und Knoblauch hinzufügen, weich dünsten. Kurkuma, Kreuzkümmel und Pfefferschoten kurz mitdünsten. Dann Bohnen, Brühe, Kokosmilch und Senf hinzugeben, zum Kochen bringen und 40 Minuten kochen lassen.

4.
Währendessen für den Baghar vom Koriander einige Stengel beiseite legen, den Rest hacken. Senföl mit Kreuzkümmel erhitzen, bis sich der Kreuzkümmel verfärbt, restliche Zwiebelwürfel hinzugeben und goldbraun braten. Zuletzt Koriandergrün dazugeben und einige Sekunden mitbraten, heiß übers fertige Dal geben.

Das Gericht mit Koriandergrün garnieren. Traditionell paßt dazu gewürztes Naan-Brot oder alternativ Fladenbrot (Roti oder Papads) zum Aufsaugen der Sauce.

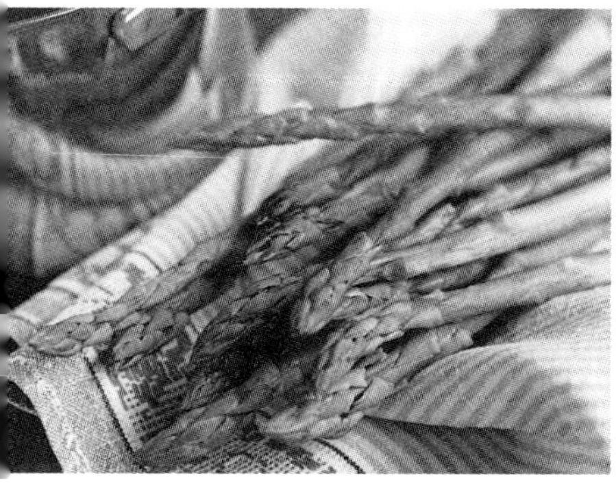

ZUTATEN
CRÊPES:
250 ml Milch,
100 g Mehl,
1 Ei,
2 Eigelb,
1/2 TL Salz,
1 EL flüssige handwarme Butter,
insges. 1 1/2 EL Öl
zum Ausbacken

SABAYON:
150 ml Süßwein,
je 1 EL grobkörniger Senf
und Honigsenf,
3 Eigelb,
1 EL Honig,
1 Bund Kerbel

ZUBEREITUNG:

1.
Für den Teig Milch mit Mehl glatt rühren, verschlagene Eier und Salz hineinrühren. Durch ein feines Sieb passieren und abgedeckt 30 Minuten kühl stellen. Dann Butter hineinrühren und in einer mit wenig Öl ausgepinselten, beschichteten Pfanne 8 Crêpes backen, übereinanderlegen und abdecken.

2.
Spargel schälen, Enden abschneiden und die Stangen schräg in Stücke schneiden. Wasser mit Salz, Zucker und Zitronensaft zum Kochen bringen und die Spargelstücke ca. 18 Minuten garziehen lassen.

3.
Morcheln putzen, halbieren und kalt abspülen. Schalotte pellen und fein würfeln. Zuckerschoten putzen, größere schräg halbieren.

4.
Schalottenwürfel in Butter anschwitzen, Morcheln zufügen und mit Cognac ablöschen. Zuckerschoten und Spargel dazugeben, kurz mitdünsten lassen und abschmecken. Füllung auf die 8 Crêpes verteilen und diese zu Taschen zusammenfalten.

5.
Für den Sabayon Kerbel hacken. Die restlichen Zutaten verrühren und in einer Metallschüssel über einem heißem Wasserbad aufschlagen, bis der Schneebesen sichtbar Spuren hinterläßt. Schüssel aus dem Wasserbad nehmen, einen Augenblick weiterschlagen, Kerbel hineinrühren und abschmecken. Zu den Crêpes servieren oder alternativ diese mit dem Sabayon überbacken. Dazu den Ofen auf Oberhitze vorheizen, die gefüllten Crêpes in ein ofenfestes Geschirr setzen, mit dem Sabayon übergießen und kurz im Ofen überbacken.

CRESPELLE
mit Spargel, Morcheln und Kerbelsabayon

FÜLLUNG:
500 g weißer Spargel (außerhalb der Saison kann man auch grünen verwenden),
Salz,
Zucker,
etwas Zitronensaft
150 g frische Morcheln (oder 30 g getrocknete in lauwarmem Wasser eingeweicht),
1 Schalotte,
200 g Zuckerschoten,
2 EL Butter,
2 cl Cognac

ZUTATEN

GEMÜSE:
1 kleiner Kopf Blumenkohl,
300 g Broccoli,
8-12 Okraschoten
(je nach Größe),
2 kleine rote
Paprikaschoten,
8 größere Champignons
oder Gemüse nach eigener Wahl
(z.B.: Möhren, Spargel,
Kohlrabi, Auberginen usw.)

CIDRETEIG:
200 ml Cidre,
180 g Mehl,
10 g frische Hefe,
3 Eier,
1/2 TL Salz,
1 TL Zucker

AUSSERDEM:
ca. 700 ml Öl zum Fritieren,
1 Bund Koriander,
1/2 EL Mehl,
Salz

SAUCE:
2 kleine Äpfel,
2 EL Dijon-Senf,
5 EL geriebener Meerrettich,
3 EL Crème fraîche,
etwas Zitronensaft,
Cayennepfeffer

ZUBEREITUNG:

1.
Blumenkohl und Broccoli putzen und in Röschen zerteilen. In kochendem Salzwasser knapp gar kochen, herausnehmen und auf Küchenkrepp abtropfen lassen.

2.
Okraschoten putzen, gegebenenfalls halbieren und entkernen. Paprika sechsteln, Strunk und Kerngehäuse entfernen. Champignons putzen, eventuell halbieren.

3.
Für den Teig Mehl in eine Schüssel sieben und eine Mulde in die Mitte drücken. Cidre mit zerbröckelter Hefe, Zucker und wenig Mehl verrühren, 15 Minuten an einem warmen Platz stehen lassen. Eier trennen, Eigelb mit der Cidre-Mehlmischung glatt rühren. Eiklar mit Salz aufschlagen und unter die Eigelbmasse heben.

4.
Für die Sauce Äpfel waschen, raspeln und mit den restlichen Saucenzutaten verrühren, abschmecken.

5.
Gemüsestücke mit einer Fleischgabel oder einer großen Pinzette durch den Backteig ziehen und im 170°C heißen Öl goldbraun ausbacken, abtropfen lassen.

6.
Zuletzt Korianderstengel in Mehl wenden, ebenfalls ausbacken und auf Küchenkrepp gut abtropfen lassen. Auf einer Platte mit der Sauce anrichten.

GEMÜSE IM CIDRETEIG
gebacken mit scharfer Meerrettich-Senfsauce

ZUTATEN:
8 sehr frische Eier

PÜREE:
1 Stück Kürbis (ca. 800 g),
2 EL brauner Zucker,
2 EL Weißweinessig
(vorzugsweise Balsamico bianco),
2 EL Wasser,
1/2 TL Salz,

SALAT:
250 g junger Spinat,
12 getrocknete Tomaten

POCHIERTE EIER AUF KÜRBISPÜREE

mit Spinatsalat in Nuß-Senfvinaigrette

DRESSING:
2 EL Balsamessig,
2 EL Nußlikör
(ersatzweise Marsala),
je 2 TL Honig- und Dijonsenf,
Salz,
Pfeffer,
6 EL Walnußöl,
80 g Walnußkerne, grob gehackt

dazu geröstete Brotscheiben

ZUBEREITUNG:

1.
Backofen auf 180°C voheizen. Kürbis in Alufolie einwickeln und im Ofen garen, bis er sehr weich ist. Herausnehmen, etwas abkühlen lassen, schälen, entkernen und in einer Küchenmaschine pürieren. Zucker in einem Topf ohne Rühren zu Karamel schmelzen lassen, mit Essig und Wasser ablöschen, loskochen und zu dem Püree geben, abschmecken.

2.
Spinat putzen, waschen und abtropfen lassen. Tomaten in dünne Streifen schneiden. Getrocknete Tomaten lassen sich auch wunderbar selbst herstellen: aromatische Tomaten in dickere Scheiben schneiden und auf einem leicht geölten Backblech bei 100°C (vorzugsweise Umluft) längere Zeit (ca. 1 1/2 Stunden) im Ofen trocknen.

3.
Einen großen, breiten Topf mit Salzwasser und einem kleinen Schuß Essig aufkochen. Eier einzelnd nacheinander mit einer Kelle oder Tasse in das nicht mehr kochende Wasser (ca. 90°C) gleiten lassen. Mit Hilfe von zwei Löffeln rund formen und 4–5 Minuten garziehen lassen. Mit einer Schaumkelle herausnehmen und abtropfen lassen.

4.
Für das Dressing Essig mit Likör, Senf und Gewürzen verrühren, nach und nach das Öl unterschlagen, Walnußstücke dazugeben.
Spinat und Tomaten mit dem Dressing marinieren und zusammen mit den Eiern auf Kürbispüree servieren.

ZUTATEN
NUDELTEIG:
380 g Mehl,
3 Eier,
1 Eigelb,
2 EL grober Senf,
etwas Olivenöl,
Salz

400 g Austernpilze,
2 Schalotten,
6 EL Butter zum Anbraten,
1 Bund Salbei,
50 g Pecorino im Stück

ZUBEREITUNG:

1.
Für den Nudelteig Eier mit Senf, Olivenöl und Salz verrühren und in das Mehl rühren. In ca. 5 Minuten zu einem festen, elastischen Teig kneten, dann 1 Stunde in Klarsichtfolie eingewickelt kühl stellen.

2.
Teig dünn ausrollen und in 1 cm breite Streifen schneiden (sehr hilfreich ist dabei eine Nudelmaschine). In reichlich kochendem Salzwasser bißfest kochen, auf ein Sieb geben.

3.
Pilze putzen, größere halbieren. Schalotten pellen, in Scheiben schneiden. Schalotten in Butter anbraten, Pilze zugeben und gut anbraten. Gezupfte Salbeiblätter kurz mitbraten und alles mit Salz und Zitronensaft abschmecken.
Mit den Nudeln mischen und auf Tellern anrichten.
Geriebenen oder feingehobelten Pecorino dazu servieren.

SENF-TAGLIATELLE

mit sautierten Austernpilzen in brauner Salbeibutter

GRÜNE GEMÜSE

mit Senf-Hollandaise gratiniert

ZUTATEN:
insges. ca. 1,2 kg
verschiedene grüne Gemüse,
vorzugsweise:
grüner Spargel,
Zuckerschoten,
Broccoli,
Kenia- oder Prinzessbohnen,
Zucchini,
Staudensellerie,
wilder Fenchel,
Lauch oder andere Gemüse
nach eigener Wahl,
Salz

SAUCE:
2 Eigelb,
2 TL grobkörniger Senf,
2 TL Joghurt
(vorzugsweise Sahnejoghurt),
200 g Butter,
Prise Zucker,
Zitronensaft,
Salz

ZUBEREITUNG:

1.
Backofen auf Oberhitze vorheizen.

2.
Gemüse putzen und in mundgerechte Stücke schneiden. Reichlich Salzwasser zum Kochen bringen: Gemüse nach ihren Garzeiten nacheinander gar kochen und gut abtropfen lassen, auf vier ofenfesten Tellern anrichten.

3.
Für die Hollandaise Eigelb, Senf, Joghurt, wenig Zitronensaft und Salz in einem schmalen, hohen Gefäß mit einem Pürierstab verquirlen. Butter einmal kurz aufkochen und erst tropfenweise, dann in einem dünnen Strahl – wie bei einer Mayonnaise – unter Quirlen des Pürierstabes auf die Eigelbmasse geben. Mit Salz, Zucker und Zitronensaft abschmecken und auf die Gemüse geben.
Auf der mittleren Schiene im Ofen goldbraun überbacken und sofort servieren.

ZUTATEN:
1 kg große Kartoffeln mehligkochend,
ca. 700 ml Öl zum Fritieren,
Salz

GEMÜSE:
je 2 Paprikaschoten, rot und gelb,
je 2 mittelgroße Zucchini und Auberginen,
Salz, Pfeffer,
500 g gestückelte Tomaten (Dosen- oder Tetrapackware oder frische),
2 Stück Büffelmozzarella (à 150 g, alternativ: entsprechende Menge Kuh-Mozzarella),
1 EL Olivenöl zum Ausfetten der Form
100 g Greyerzer o.a. Käse zum Überbacken

PESTO:
20 g Parmesan im Stück,
1 Knoblauchzehe,
50 ml Olivenöl,
1 Bund Estragon,
1 EL Pinienkerne,
1 EL Estragonsenf,
Salz,
Pfeffer

ZUBEREITUNG:

1.
Backofen auf 250°C vorheizen. Paprikaschoten ungeputzt auf einem Backblech solange rösten, bis die Haut sich zu lösen beginnt. Herausnehmen und etwas ab-kühlen lassen. Stiel und Kerne entfernen, die Haut abziehen und Schoten längs in breite Streifen schneiden. Ofentemperatur auf 200°C reduzieren.

2.
Zucchini und Auberginen waschen und in 1 cm dicke Scheiben schneiden. Ohne Öl in einer oder mehreren Pfannen von beiden Seiten goldbraun rösten.

3.
Mozzarella in dünne Scheiben schneiden.

4.
Kartoffeln waschen, schälen und in hauchdünne Scheiben schneiden (am besten mit der Aufschnittmaschine oder einem Gemüsehobel). Öl auf ca. 160°C erhitzen und Kartoffelscheiben kurz, ohne daß sie Farbe nehmen, vorgaren. Herausnehmen und auf Küchenkrepp abtropfen lassen, salzen. Alternativ kann man die Kartoffelscheiben auch kurz in Salzwasser kochen.

5.
Gegrillte Gemüse mit Tomaten, Mozzarella und Kartoffelscheiben in ein ausgefettetes ofenfestes Geschirr schichten, bis alles aufgebraucht ist. Käse reiben und darüberstreuen. 25 Minuten im Ofen goldbraun backen. Inzwischen Parmesan reiben, Knoblauch pellen und Estragonblättchen von den Stielen zupfen. Mit den restlichen Zutaten des Pestos pürieren und abschmecken.

KARTOFFEL-LASAGNE

mit gegrillten Gemüsen und Senfpesto

SENF ZUM SCHLUSS

- Tarte
- Gratinierter Ziegenkäse
- Geschmolzene Käsewürfel
- Karamelisierte Honig-Senfcrème
- Gebackener Schafskäse
- Krosse Mozzarellasticks
- Tarte von Lauch und Ricotta
- Senfbutter-Eis
- Quark-Kartoffelknödel

KÄSE

& SÜßES

GRATINIERTER ZIEGENKÄSE

mit Feigensenf und fritierter Rauke

ZUTATEN:
4 kleine fast reife Ziegenkäse (vorzugsweise Crottin de Chavignol),

ZUM GRATINIEREN:
3 EL Pinienkerne,
2 Scheiben Toastbrot,
20 g weiche Butter,
Salz

SENF:
8 reife Feigen,
200 g Zucker,
60 ml Obstessig,
2 EL Senfmehl in wenig lauwarmem Wasser angerührt,
1 EL Dijonsenf

FRITIERTE RAUKE:
2 Bund Rauke,
ca. 500 ml Öl zum Fritieren,
Salz

ZUBEREITUNG:

1.
Backofen auf Oberhitze vorheizen.

2.
Für die Gratiniermasse Pinienkerne ohne Fett in einer Pfanne unter Rühren goldbraun rösten, einen Eßlöffel voll zum Garnieren beiseite legen. Toastbrot entrinden und mit den restlichen Pinienkernen in einer Küchenmaschine mahlen, Butter hinzugeben und leicht salzen.

3.
Für den Senf Feigen dünn schälen und grob in Stücke schneiden. Zucker mit Essig aufkochen, Feigen hineingeben und ca. 30 Minuten dicklich einkochen lassen. Senfsorten dazugeben, abschmecken und auskühlen lassen.

4.
Für die Rauke das Öl in einem kleinen, hohen Topf oder einer Friteuse auf 175 °C erhitzen. Rauke putzen, nicht waschen! In mehreren kleinen Portionen jeweils 20–30 Sekunden kross, aber noch grün fritieren. Zum Abtropfen auf Küchenkrepp legen und leicht salzen.

5.
Ziegenkäse mit der Gratiniermasse bestreichen und im Ofen gratinieren, bis er zu schmelzen beginnt und eine leichte Bräunung aufweist.
Zusammen mit Rauke, Feigensenf und Pinienkernen servieren.

SENF:
1 Orange, unbehandelt
200 g Zucker,
60 ml Rotwein,
500 g Preiselbeeren,
2 EL Dijonsenf,
1/2 TL Zimtpulver

ZUTATEN:
250 g gekochte, gepellte Kartoffeln vom Vortag,
(Tip: Möglichst „alte" Kartoffeln verwenden; die Knödel halten besser zusammen,
200 g Magerquark,
30 g Mehl,
20 g Grieß,
2 EL Zucker,
Mark von 2 Vanilleschoten,
1 Eigelb,
4 getrocknete Aprikosen (oder andere Trockenfrucht nach Belieben)
2 l Wasser,

200 g Zucker

3 EL Butter,
4 EL gemahlene Pistazien

dazu Orangeneis

ZUBEREITUNG:

1.
Quark in einem Küchentuch aufhängen und mehrere Stunden abtropfen lassen.

2.
Für den Senf Orangenschale fein abreiben und die Frucht auspressen. Zucker in einer Pfanne ohne Rühren hellgelb karamelisieren, mit Rotwein und Orangensaft ablöschen. Preiselbeeren, Senf, Zimt und Orangenschale hinzugeben und ca. 30 Minuten dicklich einkochen, dann auskühlen lassen.

3.
Kartoffeln durch eine Kartoffelpresse drücken und mit 125 g von dem abgetropften Quark, Mehl, Grieß, Zucker und ausgekratztem Vanillemark zügig zu einem glatten Teig verkneten, zuletzt Eigelb unterarbeiten.

4.
Wasser mit Zucker aufkochen.

5.
Kartoffelmasse mit trockenen Händen mit jeweils einer Aprikose als Füllung rasch zu vier Knödeln formen, ins kochende Wasser geben und 12 Minuten garziehen lassen (nicht mehr kochen!).

6.
Pistazienmehl mit Butter in einer Pfanne rösten, die gegarten Knödel mit einer Schaumkelle hineingeben und mit Pistazienbutter umhüllen.
Knödel auf dem Preiselbeersenf servieren, sehr gut paßt dazu Orangen- oder Blutorangeneis.

QUARK-KARTOFFELKNÖDEL
mit Preiselbeersenf

ZUTATEN:
500 g schnittfester Weichkäse
(vorzugsweise: Taleggio),
6 große Scheiben Parmaschinken,
Pfeffer

SENFFRÜCHTE:
insg. 600 g geputztes Obst
(z.B.: Apfel, Birne, Nektarinen,
Kürbis(!), Pflaumen, Quitten o.a.),
150 ml Wasser,
80 ml Obstessig,
400 g Zucker,
60 g Senfmehl mit wenig
lauwarmem Wasser angerührt,
1 EL Dijonsenf

GRISSINI:
125 g Mehl,
5 g frische Hefe,
60 ml lauwarmes Wasser,
je 1 EL Olivenöl und Butter,
1 TL Dijonsenf,
je 1/3 TL Salz und Zucker
(das Rezept läßt sich nach
Belieben erweitern, da es sich
bei dem Aufwand lohnt, gleich
größere Mengen zu backen)

ZUBEREITUNG:

1.

Backofen auf 220°C vorheizen. Mehl in eine Schüssel sieben und eine Mulde hineindrücken. Darin zerbröckelte Hefe mit Wasser und Zucker anrühren und zugedeckt an einem warmen Platz 10 Minuten gehen lassen. Dann restliche Zutaten hinzufügen und alles zu einem weichen Teig kneten. Insgesamt 40 Minuten zugedeckt gehen lassen, zwischendurch 1–2 Mal durchkneten. Auf einer bemehlten Fläche etwa 5 mm dick zu einem Rechteck ausrollen und in 1 cm breite Streifen schneiden. Im Abstand von 2 cm auf ein leicht gefettetes Blech setzen und 10 Minuten goldbraun backen. Herausnehmen und etwas abkühlen lassen.

2.

Ofenhitze auf 150 °C reduzieren. Grissini nochmals für einige Minuten kross backen.

3.

Obst putzen, evtl. schälen und in gleichmäßig große Stücke schneiden. Wasser mit Zucker, und Essig aufkochen und die Früchte nacheinander glasig garen und mit der Schaumkelle herausnehmen. Den Sirup ca. 10 Minuten einkochen lassen und mit dem angerührten Senfmehl und dem Senf abschmecken. Ofen auf Oberhitze stellen.

4.

Käse in 12 Würfel schneiden und jeweils in eine halbe Parmaschinkenscheibe einwickeln und im Backofen ca. 20 Sekunden schmelzen. Zusammen mit den Senffrüchten und Grissini servieren. Tip: Der Senfsirup eignet sich gut als Würze für Salate, auch Obstsalat, Saucen usw.
Am besten hat man größere Mengen Grissini und Senffrüchte produziert und kann dann unkompliziert bei Bedarf die geschmolzenen Käsewürfel dazu servieren.

GESCHMOLZENE KÄSEWÜRFEL

mit Senffrüchten und Grissini

KARAMELISIERTE HONIG-SENFCRÈME

mit eingelegten Pflaumen

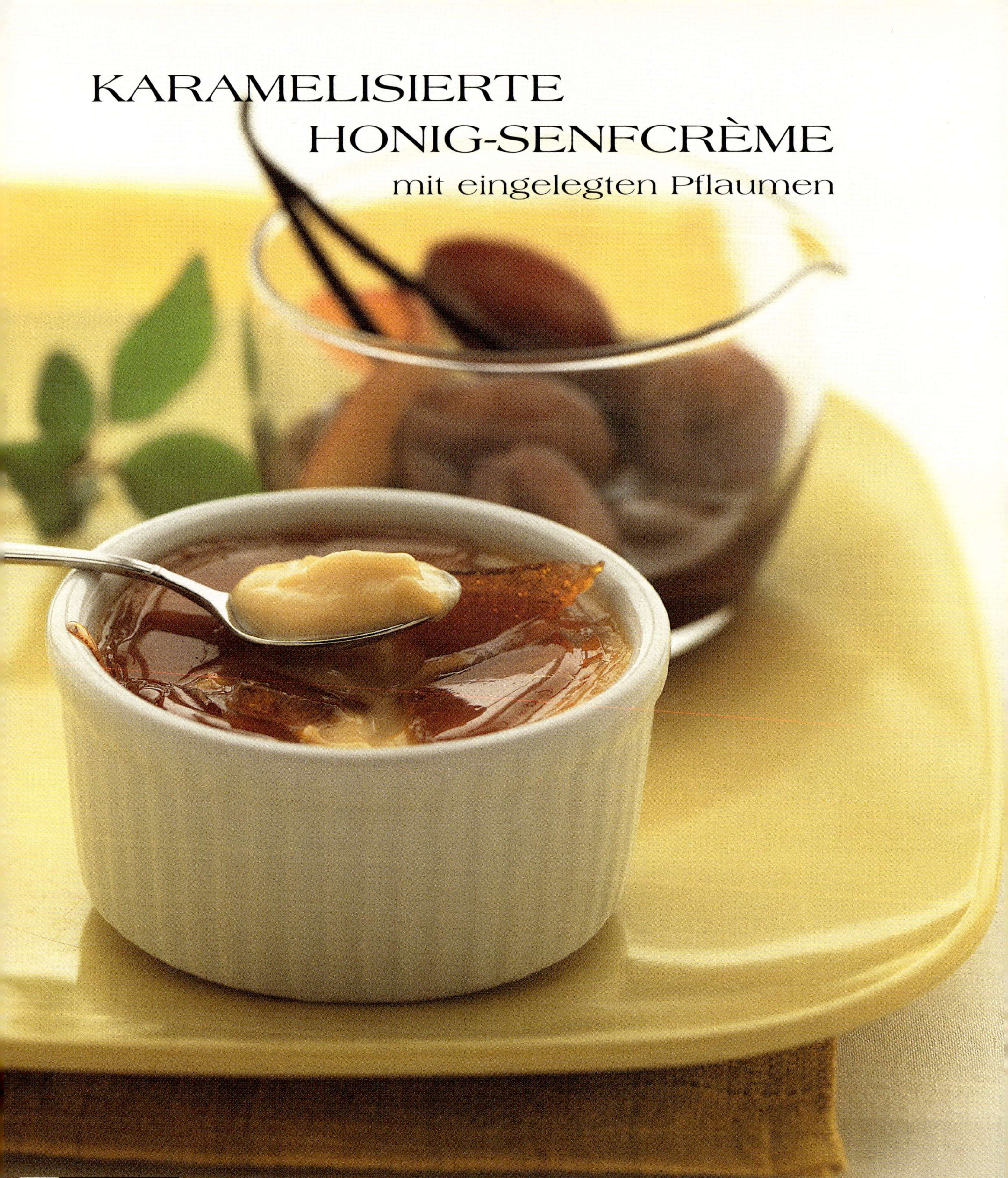

ZUTATEN FÜR 4-5 CRÈMES

CRÈME:
5 ungespritzte Orangen,
50 g Zucker,
250 ml Sahne,
6 Eigelb,
2 EL Honigsenf,
2 EL Honig,
2 cl Orangenlikör,
3 TL feiner Zucker zum Karamelisieren

PFLAUMEN:
1 Zitrone,
1 Vanilleschote,
150 ml Rotwein,
90 g Zucker,
1 Stange Zimt,
300 g halbierte und entsteinte Pflaumen,
etwas Speisestärke mit 4 cl Portwein angerührt, zum Binden,
Minzeblätter zum Garnieren

ZUBEREITUNG:

1.
Backofen auf 120°C vorheizen. Zwei Orangen mit einem Sparschäler dünn schälen, zusammen mit den restlichen Orangen auspressen.

2.
250 ml Orangensaft mit der Hälfte der Orangenschalen und Zucker aufkochen, Sahne hinzugeben und nochmals aufkochen. Eigelb mit Senf, Honig und Likör verrühren und unter Rühren langsam die Orangenmilch dazugeben. Durch ein Sieb passieren und in kleine ofenfeste Porzellanförmchen (à 0,15 l) füllen. Förmchen in ein höheres, ofenfestes Geschirr stellen und zwei Drittel hoch kochendes Wasser angießen. Im Wasserbad im Ofen ca. 1 Std. garen, herausnehmen und abkühlen lassen (vorzugsweise nicht im Kühlschrank, da die Crème sehr schnell Gerüche anzieht!).

3.
Für die Pflaumen die unbehandelte Zitrone mit dem Sparschäler dünn schälen, Saft auspressen. Vanilleschote halbieren und auskratzen. Alles zusammen mit den restlichen Orangenschalen, Rotwein, Zucker und Zimtstange aufkochen. Pflaumen hineingeben, nochmals aufkochen und 20 Minuten ziehen lassen. Alles auf ein Sieb geben und Gewürze entfernen. Sud etwas einkochen und mit in Portwein angerührter Stärke binden, Pflaumen wieder hineinlegen und mit Klarsichtfolie abgedeckt abkühlen.

4.
Vor dem Servieren Backofen auf Oberhitze vorheizen. Crème gleichmäßig dünn mit Zucker bestreuen, im Backofen goldgelb karamelisieren lassen (hervorragend eignet sich hierzu auch ein Bunsenbrenner!).
Zusammen mit den eingelegten Pflaumen servieren und mit Minze garnieren.

GEBACKENER SCHAFSKÄSE
auf karamelisiertem Radicchio mit Senfcrème

ZUTATEN
SENFCRÈME:
3 EL fester Sahnejoghurt (griechischer oder bulgarischer),
je 1 EL grobkörniger und Dijonsenf (alternativ: Dijoncrème),
1/2 TL Zucker,
Salz,
Pfeffer

SCHAFSKÄSE:
300 g Schafskäse (4 dicke Scheiben, z.B.: junger Manchego),
Salz,
Pfeffer,
Mehl,
1 Ei,
2 Eigelb,
3 EL gehackte Kräuter (vorzugsweise Thymian und Rosmarin),
1 Knoblauchzehe,
6 EL Olivenöl

RADICCHIO:
2 Köpfe Radicchio,
1 EL Zucker,
Salz,
Pfeffer
80 g Haselnußkerne

ZUBEREITUNG:
1.
Für die Senfcrème Zutaten verühren und abschmecken.
2.
Knoblauch pellen und hacken. Ei, Eigelb, Kräuter und gehackte Knoblauchzehe mit einer Gabel verschlagen.
3.
Käse würzen, in Mehl wenden, dann in der Eimasse und in 4 Eßlöffel Olivenöl auf beiden Seiten goldgelb braten.
4.
Radicchio putzen, sechsteln, so daß die Segmente noch zusammen halten. Radicchio von beiden Seiten in dem restlichen Olivenöl anbraten. Mit Zucker bestreuen, hellgelb karamelisieren und abschmecken. Haselnüsse grob hacken und dazugeben.
Gebratenen Käse auf den Radicchiosechsteln mit Senfcrème anrichten.

ZUTATEN
SALSA:
4 Tomaten,
4 Lauchzwiebeln,
1 rote Chilischote,
2 EL provenzalischer Senf,
1/2 Bund Basilikum,
1 EL Balsamessig,
Salz,
Pfeffer

KROSSE MOZZARELLASTICKS

mit Tomatensalsa und eingelegtem Kürbis

500 g Kürbis

SUD:
3 EL Senfkörner,
je 250 g Zucker,
Obst- oder Weißweinessig
und Wasser

MOZZARELLASTICKS:
10 Scheiben Toastbrot,
2 Mozzarellarollen,
Salz,
Pfeffer,
3 EL Mehl,
3 Eier,
ca. 500 ml Öl zum Fritieren

ZUBEREITUNG:

1.
Kürbis schälen und in dünne Scheiben schneiden. Senfkörner in einer Pfanne ohne Fett rösten und zerstoßen. Wasser mit Zucker, Essig und Senfkörner aufkochen, Kürbis hineingeben, nochmals aufkochen, dann im Sud abkühlen lassen.

2.
Für die Salsa Tomaten waschen, Stielansatz entfernen und würfeln. Lauchzwiebeln putzen, waschen und in feine Ringe schneiden. Chilischote halbieren, entkernen und fein hacken. Basilikum fein schneiden. Alles mit den restlichen Zutaten vermengen, abschmecken und 20 Minuten durchziehen lassen.

3.
Toastbrot entrinden und in der Küchenmaschine fein mahlen.

4.
Mozzarella vierteln und würzen. Zuerst in Mehl wenden, gut abklopfen, dann in die verschlagenen Eier tauchen, herausnehmen und überschüssiges Ei abstreifen. In Toastbrotkrume wälzen, dann nochmal vorsichtig in Ei und zuletzt ein zweites Mal in der Krume auf Küchenkrepp legen (Mozzarella benötigt die doppelte Panierung, um nicht im heißen Öl auszulaufen, deswegen sehr sorgfältig panieren!).

5.
Öl in einem kleinen, hohen Topf oder in der Friteuse auf ca. 175°C erhitzen und Mozzarella 40 Sekunden goldbraun fritieren, herausnehmen und auf Küchenkrepp abtropfen lassen.
Teller mit Kürbisscheiben auslegen, Salsa und Käsesticks darauf anrichten.

Zutaten für eine
Spring- oder Tarteform mit
26 cm Durchmesser.

ZUTATEN
TEIG:
300 g Mehl,
150 g kalte Butterwürfel,
1 TL Salz,
3 EL Wasser,
1 Ei

FÜLLUNG:
600 g Lauch,
Knoblauch,
2 EL Butter zum Anschwitzen,
50 g getrocknete Tomaten,
200 g Serranoschinken
(alternativ: Parmaschinken),
Salz,
Zucker,
Pfeffer

ROYALE:
300 g Ricotta,
100 ml Sahne,
2 Eier,
3 Eigelb,
2 EL grobkörniger Senf,
1 EL süßer Senf,
bzw. Honigsenf
(alternativ auch:
3 EL Schalottensenf),
Salz,
Pfeffer

AUSSERDEM:
80 g Ricotta,
50 g junger Pecorino
(alternativ: mittelalter Gouda)

ZUBEREITUNG:

1.
Backofen auf 180°C vorheizen.

2.
Mehl mit Butter zu einer bröseligen Masse zerreiben, dann mit den restlichen Zutaten zu einem glatten Teig verarbeiten, in Klarsichtfolie eingewickelt 1 Stunde kühl stellen. Auf einer bemehlten Fläche 5 mm stark ausrollen und die gewünschte Tarteform damit auskleiden.

3.
Lauch putzen, waschen und in Ringe schneiden. Knoblauch pellen und hacken. Beides zusammen in Butter anschwitzen, würzen und vom Herd nehmen.

4.
Tomaten und Schinken in Streifen schneiden und unter den Lauch mischen.

5.
Zutaten für die Royale verrühren, abschmecken und mit der Lauchmischung in die Tarte füllen. Restlichen Ricotta und Pecorino darüberstreuen und die Tarte 35–40 Minuten backen. Evtl. mit Alufolie abdecken – sollte die Oberfläche während des Backens zu braun werden.

TARTE VON LAUCH UND RICOTTA

mit Serranoschinken

ZUTATEN

EIS:

600 ml Birnensaft
(alternativ: Apfelsaft),
Saft einer Zitrone,
180 g Zucker,
3 Eigelb,
200 g kalte Butterwürfel,
2 EL Honigsenf

BIRNEN:

2 reife Birnen
(vorzugsweise Williams Christ),
Zitronensaft,
1 EL Zucker,
1 TL Butter,
2 cl Birnengeist,
ein paar Zweige Zitronenmelisse

ZUBEREITUNG:

1.
Fruchtsaft mit dem Zucker auf 80 °C erhitzen. In eine Küchenmaschine gießen, nach und nach die Eigelb hineinmixen, dann die kalten Butterwürfel.

2.
Mit Senf würzen und solange auf kleiner Stufe in der Küchenmaschine mixen, bis die Masse kalt ist, dann in einer Eismaschine gefrieren.

3.
Birnen schälen, entkernen und achteln.

4.
Etwas Zitronensaft mit Zucker und Butter aufkochen, Birnenspalten hineingeben und glasieren, mit Birnengeist den Geschmack abrunden.
Eis zusammen mit den Birnenspalten in einem Glas anrichten und mit Zitronenmelisse garnieren.

SENFBUTTER-EIS

mit glasierten Birnenspalten

DIE MITARBEITER AN DIESEM BUCH

Christian Morgenstern, (1871-1914), geistiger Vater der Figuren Palmström, Korf und Palma Kunkel, spann den roten Faden, der die sechs Urheber dieses Buches umgarnte: das Gedicht „Der Aromat". Jeweils einer seiner sechs Verse, hilft die Verfasserinnen und Verfasser zu beschreiben.

ANGELA BOROWSKI

ANGEREGT DURCH KORFS GERUCHS-SONATEN, GRÜNDEN FREUNDE EINEN „AROMATEN".

Die Public-Relations-Expertin Angela Borowski ist gebürtige Berlinerin. Was erklärt, weshalb sie zu allem ihren Senf dazu gibt. Sie ist die Anstifterin dieses gemeinsamen Projekts. Weil sie auch einmal Buchhändlerin gelernt hat, liebt sie schöne Bücher, die sich nach ihrer Überzeugung stets gut anfassen sollten, keine Berührungsängste kennt und weil sie denkt: „Wer gern gut ißt und trinkt, braucht gut und gern die geistige Auseinandersetzung mit den Objekten seiner Begierde". Eines dieser „Objekte" ist das Senfbutter-Eis von Pio.

EINEN RAUM, IN WELCHEM, KURZ GESPROCHEN, NICHT GESCHLUCKT WIRD, SONDERN NUR GEROCHEN.

Der Fotograf Carsten Eichner ist als Genießer zur Welt gekommen. Selbst ein eifriger Arbeiter am Kochherde des DiÛnysosë „ des Gottes der Ekstase auch beim Essen „ fühlt er, daß die Götter vor den Preis den Schweiß gestellt haben. Was sich in seinen Arbeiten als Leichtigkeit des Tuns niederschlägt. Der Mann weiß, daß „Kräuter eine Seele haben, die nicht mit Elektrogeräten zerschunden werden darf". Er sammelt Korkenzieher, um sie zu benutzen. Schärfe im Ton ist nicht seine Sache. Senfesschärfe umso mehr.

CARSTEN EICHNER

PIO

GEGEN EINWURF KLEINER MÜNZEN TRETEN
AUS DER WAND BALSAMISCHE TROMPETEN,...

Dem Küchenmeister Jens Piotraschke, der sich Pio nennt, ist nichts in der Kochkunst fremd. Nicht nur, daß er seiner Berufung von der Pike an treu geblieben ist. Er hat Dienst in Hotelrestaurants so versehen wie an Spitzenadressen seines Gewerbes, in Offiziers-Casinos so wie an Bord von Schiffen, beim Catering so wie bei Wettbewerben, was ihm fünf Siege eintrug. Den „Foodstylisten" und Rezeptentwickler ein Würstchen zu nennen, wird sich niemand unterstehen, obwohl er „wirklich gern" Würstchen mit bestem Senf verzehrt.

... DIE DEN GÄSTEN IN GEBLÄHTE NASEN, WAS SIE WÜNSCHEN, LEICHT UND LUSTIG BLASEN.

Daß die Graphikerin Anja Schmidt mit Hingabe kocht und ißt, ist genbedingt. Und „ihre Mutter hat es ihr und ihrem Bruder, einem erfolgreichen Koch, vorgelebt. Die Ex-Creativ-Direktorin ist heute Freiberuflerin mit eigenem Atelier in Hamburg. Das Kochen setzt sie als wirksames Mittel gegen Streß ein, sehr zum Vergnügen ihrer zwei Kinder. Seit der Arbeit an diesem Buch, sagt sie: „ ... steht bei uns der Senftopf, besonders mit dem Honigsenf, schon zum Frühstück auf dem Tisch".

ANJA SCHMIDT

DIETLIND WOLF

VIELE HUNDERTE, UM NICHT ZU LÜGEN, SPEISEN NUN ERST WIRKLICH MIT VERGNÜGEN.

Kein Mensch mußte der Stylistin Dietlind Wolf „ die es studiert hat „visuell zu kommunizieren“ „ erklären: „Das Auge ißt mit“. Wüßte die Kreativitätstrainerin es nicht von berufswegen, spätestens in dem Jahr, das sie als Köchin im im schweizerischen St. Gallen verbrachte, hätte sie es erfahren. Die Stoffdesignerin reizt es, „durch unterschiedliche Materialien und Farben Speisen in den Vordergrund zu rücken und sie gleichzeitig in ein Gesamtbild mit dem Umfeld einzuordnen“. Senfgrün, senfbraun, senfgelb „ das ist oft die Frage.

UND ZUGLEICH ERSCHEINT AUF EINEM SCHILD DES GERICHTES WOHLGETROFFNES BILD.

Der Autor Hanjo Seißler, der sich sowohl mit erdenschweren wie mit federleichten „nie indes schwülseichten „Dingen befaßt, kocht, ißt und trinkt mit Leidenschaft. Während er kocht, ißt und trinkt, liest oder spricht er gern übers Kochen, Essen und Trinken. Ihn grämt, daß „in Deutschland viel Geld für Autos ausgegeben“ wird, ohne daß jemand daran Anstoß nimmt. Daß aber Augenbrauen gehoben werden, sobald mühsam erarbeitetes Geld lustvoll vertafelt wird. Da kann er scharf werden wie Senf mit frisch geriebenem Meerrettich.

HANJO SEIßLER

WIR DANKEN FÜR DIE
FREUNDLICHE UNTERSTÜTZUNG

BOWENS TRADING GMBH CALUMET DIGITAL SOLUTIONS
Für Profi-Kameras und Zubehör

LEO LAB
FACHLABOR FÜR FOTOGRAFIE GMBH
KÖNIGSTRASSE 30 · 22767 HAMBURG
Für die perfekte Fotolabor-Leistung

MAILLE
Importhaus Wilms, Taunusstein
für Senf in allen Variationen

HUMMER PEDERSEN
für stets frischen Fisch und
köstliches Meeresgetier

Quartier 206 BERLIN
OUT OF ASIA
für den wunderbaren
Requisitenfundus

IMPRESSUM

Texte: Hanjo Seißler, München
Rezepte: Jens Piotraschke, Hamburg
Fotos: Carsten Eichner, Hamburg
Styling: Dietlind Wolf, Hamburg
Gesamtgestaltung: Anja Schmidt, Hamburg
Redaktion: Monika Graff
Reproduktionen: Repro-Technik Ruit, Ostfildern
Druck: Oehler Offset, Fellbach
Gesetzt in der Americana und Letter Gothic

Printed in Germany 1999

ISBN 3-7750-0324-x

GRUNDREZEPTE

GEMÜSEFOND

Zutaten für 1 l:

2 Bund Suppengemüse, 2 Zwiebeln, Abschnitte aromatischer Gemüse wie z.B. Champignons, Fenchel, Staudensellerie oder auch Spargelschalen, 1 Lorbeerblatt, Salz

Zubereitung:

Suppengemüse putzen, Zwiebeln pellen, alles grob schneiden. Zusammen mit den Gemüseabschnitten, Gewürzen und 1,2 l Wasser aufkochen. 30 Minuten leise köcheln lassen und durch ein feines Sieb passieren.

GEFLÜGEL- BZW. KALBSFOND

Zutaten für 1 l:

750 g Geflügelkarkassen, 500 g Geflügelklein, bzw. 1,2 kg Kalbsknochen und -abschnitte, 1 Bund Suppengemüse, 1 Zwiebel, 1 Lorbeerblatt, Salz

Zubereitung:

Geflügelstücke, bzw. Kalbsknochen und -abschnitte zerkleinern und kalt abspülen. Suppengemüse putzen, Zwiebel pellen, alles grob schneiden.

1,4 l Wasser mit den jeweiligen Knochen und Abschnitten zusammen mit Salz aufkochen und abschäumen, 1 1/2 Stunden leise köcheln lassen. 30 Minuten vor Garzeitende die Gemüse, Zwiebel und das Lobeerblatt hinzufügen und mitköcheln lassen.Durch ein feines Sieb passieren.

FISCHFOND

Zutaten für 1 l:

1 kg Gräten und Abschnitte von Seezunge, Steinbutt oder anderen feinen Fischen (gibt es beim Fischhändler), 1 große Stange Lauch, 1 Stück Sellerie (evtl. auch Abschnitte von Champignons, Fenchel, Staudensellerie), 2 Zwiebeln, 200 ml Weißwein, 1 Lorbeerblatt, 1 EL Kümmel, Salz

Zubereitung:

Fischstücke kleinschneiden und in reichlich kaltem Wasser waschen, das Wasser mehrfach wechseln. Gemüse putzen, Zwiebeln pellen, alles fein schneiden. 1 l Wasser mit Fisch, Gemüsen, Wein und Gewürzen aufkochen und abschäumen 20 Minuten leise köcheln lassen und durch ein feines Sieb passieren.

BRATENFOND

Zutaten:

1,5 kg gehackte Kalbsknochen, 3 EL Öl, 1 Bund Suppengemüse, 3 Zwiebeln, 2 EL Tomatenmark, 300 ml Rotwein, 1 Lorbeerblatt, Salz

Zubereitung:

Ofen auf 220°C vorheizen. Gemüse putzen, Zwiebeln pellen, alles grob schneiden. Öl in einem Bräter erhitzen, Knochen hineingeben und anrösten. Gemüse und Zwiebeln hinzufügen und mit anrösten. Tomatenmark dazugeben, ebenfalls anrösten und mit etwas Wein ablöschen, wieder einkochen lassen. Diesen Vorgang wiederholen, bis der Wein aufgebraucht ist und der Ansatz eine braun-glänzende Farbe hat. Mit 1,5 l Wasser oder besser Kalbsfond auffüllen, Lorbeer hinzufügen. In einen Topf füllen, aufkochen und abschäumen. 2 Stunden leise köcheln lassen, mit Salz abschmecken und durch ein feines Sieb passieren.

REZEPTE VON A–Z